De zebra's van Namibië

Ada Rosman-Kleinjan

De zebra's van *Namibië*

Copyright © Ada Rosman-Kleinjan*reizen en schrijven
1e druk 2018

Foto voorkant: in het Etosha-park
Foto achterkant: in Windhoek

6e kleintje **Wombat**. Verre bestemmingen dichtbij
Wombat reisboeken
www.adarosman.nl / info@adarosman.nl

Herstellung und Verlag:
BoD – Books on Demand, Norderstedt
ISBN 9783746074559
NUR 508

fotografie: Jan Rosman
landkaart: Ton van der Last
omslag en opmaak: Wim Wisman | Ada Rosman-Kleinjan

*I*nhoud

Waar wij niet willen wonen *9*
Familie *15*
De reis gaat verder *20*
Welkom in Botswana *23*
Straatsafari *27*
De Choberivier *34*
Naar Zimbabwe *37*
De Victoria-watervallen *41*
De brug tussen Zim en Zam *63*
Land zonder geld *66*
Het Hwange National Park *68*
Pechvogels *77*
Drie landen in een dag *82*
Gezegend met water *87*
De Caprivistrip *92*
Land van grote luchten *96*
Etosha *99*
Olifantsrus *104*
Tussen Himba, Zemba en Herero *108*
Op weg naar de Epupa-watervallen... *115*
Via Sesfontein naar Palmwag *122*
Zon, zee, zand en zout *128*
In Swakopmund *132*
Over de Kuiseb Pas naar Solitaire *135*
Over de Spreetshoogte Pas naar Windhoek *140*

Literatuurlijst *146*

'Als je met velen bent om de rivier over te steken, zullen de kaaimannen je niet opeten.'

Afrikaans spreekwoord

As die sand eens tussen jou tene gekom het, gaan jy altyd terugkom...

Voor de tweede keer stapten we in een grote vierwiel-aangedreven auto om door een paar landen van zuidelijk Afrika te reizen. Elke reis die we door dit gebied maken is anders en toch ook weer vertrouwd. Bekende plaatsen bezoeken, nieuwe bestemmingen ontdekken. Samen reizen, samen de wereld ontdekken. Er valt zoveel te zien, zoveel te genieten.

Zuidelijk Afrika, waar we met enige regelmaat naartoe 'moeten'. Voor het eerst hebben we Zimbabwe bezocht. Wat een land, wat een geweldige bestemming.

De reis begon deze keer in Windhoek, ging door Botswana naar Zimbabwe, waar we onder andere de Victoria-watervallen en het Hwange-park hebben bezocht. Via de Caprivistrip naar het Etosha park om weer terug te komen in de hoofdstad van Namibië.

Ook deze keer was er geen luipaard voor ons weggelegd, maar twee keer een roedel wilde honden zien compenseerde dat meer dan voldoende. De regen reisde regelmatig met ons mee en bepaalde mede daardoor onze route. De regen, die ook voor weergaloze mooie luchten en een groene wereld zorgde; een groene wereld waar de dieren en de mensen zo naar uit hebben gekeken.

Ada Rosman-Kleinjan

Waar we niet willen wonen

'Dus je woont in Dutchland,' zegt de man met een lach op zijn gezicht.
Zo heb ik Nederland nog nooit horen noemen, maar ik vind het een passende naam. Die houden we erin. Ik loop samen met gids-chauffeur Dean door Katutura en iedereen met wie we een praatje maken, wil graag weten waar ik vandaan kom.

Dean heeft me om klokslag tien uur opgehaald voor een excursie naar Katutura, de grote sloppenwijk van Windhoek, de hoofdstad van Namibië. Katutura, dat zoveel betekent als 'waar we niet willen wonen', is de woonplaats van duizenden en duizenden mensen.
'Toen ik ruim veertig jaar geleden vanuit Kaapstad hier kwam wonen, woonde hier niemand. Moet je nu eens kijken,' zegt Dean, om zich heen kijkend.
Ik heb vaker een zogenaamde sloppenwijk bezocht. Een bezoek aan sloppenwijken zorgt meestal voor verwarring bij de bezoeker. Alles is anders dan je je van tevoren had voorgesteld. Deze wijken liggen vaak aan de randen van de stad en kunnen zo steeds verder uitdijen. De wegen zijn geasfalteerd, de mensen richten de stalletjes en kraampjes weer in en alles oogt zo als een gewone wijk.
Alles is hier zeven dagen in de week open en een groot deel van het sociale leven speelt zich hier dan ook op straat en rond de kraampjes af. Iedereen verkoopt of koopt iets. En ja, een foto maken mag wel, mits ik bereid ben om ervoor te betalen. Altijd een lastige; toch maar niet.

'Ik pas wel op je auto. Ik ben kapper. Dat daar is mijn winkel,' biedt een jonge, slanke man zijn diensten aan.
'Waarom zou je dat willen? Je bent kapper en geen *carwatch*,' antwoordt Dean op een licht geïrriteerde toon.
'Daar erger ik me aan. Natuurlijk mag iedereen wat verdienen. Maar je kunt niet zomaar iemands baan inpikken,' zegt Dean tegen mij.
'Oh, maar dit doe ik wel vaker,' gaat de kapper verder.
Het is duidelijk dat hij zich niet zo maar laat afschepen.
'Hoe wil je dat dan doen als je een klant krijgt?' reageer ik snel.
Niet bestand tegen zoveel logica loopt de man weg en wij lopen de overdekte markt op. Vlees, vlees en nog eens vlees. 's Morgens, 's middags en 's avonds wordt er vlees gegeten. Grote stukken, kleine stukken, gelige hompen vet, kale huiden; alles wat een koe bezit wordt hier verkocht. Een vrouw heeft een bakje met stukjes vlees in haar hand. Dit is haar ontbijt, begrijp ik. Ze dipt het vlees in kruiden en geniet er zichtbaar van.
'Wij eten meestal brood als ontbijt,' zeg ik.
Ze kijkt op, nee, daar moet ze echt niet aan denken. Dat lijkt haar duidelijk niets. Mensen willen wel praten en willen allemaal weten waar ik vandaan kom. Ja, Holland kennen ze, iedereen houdt van voetbal en Arjen Robben is mateloos populair. Ik gooi zonder schroom enkele bekende voetballers in het gesprek. Iets van hun prestaties straalt nu op mij af.

Vrouwen, alleen maar vrouwen, komen tussen de huisjes door uitlopen met grote bakken vol water op hun hoofd.
'Ze betalen anderhalve Namibische dollar voor ongeveer twintig liter water. Er moet voor betaald worden. Daar aan de overkant is het kantoortje waar de sleutel ligt en daar wordt alles geregeld,' legt Dean uit.

Een van de vrouwen laat me een sleutelkaart zien waar een rond metalen plaatje op zit. Hiermee kan ze water halen bij de pomp. Het water ziet er helder en fris uit. Til maar op, beduidt ze mij. Ik pak de bak op, tenminste dat probeer ik. Ik krijg hem amper een paar centimeter van de grond. De vrouwen lachen wat meewarig naar mij.

Fruit en groenten liggen uitgestald. Dat wordt allemaal elders ingekocht om het hier weer aan de vrouw te brengen. Een grote koelkast is gevuld met flesjes frisdrank.

'Moet je daar zien?' wijs ik naar twee mannen die heel relaxed op een autoband zitten.

Geen liggende band, nee de band staat rechtop. Ja hoor, ik mag wel een foto maken.

'Kijk eens naar deze schoenen,' wijst Dean, die een schoen van een tafel oppakt. 'De zolen zijn van oude, versleten autobanden gemaakt. Het leer van de schoenen is van een koedoe.'

Alles wordt met de hand gemaakt. De schoenen zien er keurig uit. Het is rustig in de wijk, maar dat wordt met name in de avond en de nacht wel anders. Er is dan veel lawaai. De huisjes zijn klein, er is weinig tot geen privacy, er wordt veel gedronken en een goede nachtrust is maar voor weinigen weggelegd. Dit vertaalt zich weer in vermoeide mensen en kinderen die soms op school tijdens de les in slaap vallen.

In zakken en op rieten manden liggen gedroogde insecten en ander klein wriemelspul. Met een blikje wordt de gewenste hoeveelheid afgemeten.

'Maak maar een foto,' lacht een vrouw in haar kleine winkeltje vriendelijk naar mij.

In haar bedrijfje worden schooluniformen gemaakt.

Elke school heeft zijn eigen uniform. Zonder uniform geen school. Onderwijs mag dan wel gratis zijn, maar niet iedereen kan een uniform betalen of de bijdrage voor de boeken. Het onderwijs dat door de overheid wordt verzorgd is van een magere kwaliteit; per kind wordt er maar een paar euro geïnvesteerd. Veel kinderen vallen dan toch buiten de boot. Er hangen blauwe jurken, oranje jurken, groene jurken; de kleuren mogen dan verschillend zijn, de modellen zijn allemaal gelijk.

Dean kent volgens mij alle vrouwen, hij flirt schaamteloos met elke vrouw, jong of oud, die we tegenkomen. Voor zijn zestig jaar ziet hij er goed uit. Uitstekend verzorgd, en het is duidelijk dat hij dat zelf ook vindt. Een rasechte, ouderwetse charmeur.

In een andere ruimte is een jonge kapster bezig om het haar van een jong meisje te voorzien van lange vlechten van kunsthaar. Haar vingers gaan geroutineerd te werk. Ze pakt een plukje van het echte haar, smeert dat in met wax en vlecht het kunsthaar er onopvallend in. Ze gaat niet echt heel erg zachtzinnig te werk. Het meisje vertrekt geen spier. Ik snap het wel, wanneer alle vrouwen hetzelfde haar hebben, dan wil je er toch graag anders uitzien. Geen enkele vrouw wil er als die ander uitzien. Ook al is het slecht voor het haar.

Tegenover de parkeerplaats staat een school. Ook dit gebouw is van golfplaten gemaakt. De muren zijn paars geverfd en leuk versierd met afbeeldingen van Afrikaanse dieren.

'Vraag maar of je foto's mag maken,' zegt Dean die mij ziet kijken.

Een aap, een zebra, een olifant, een leeuw, een giraffe zijn op een eenvoudige maar fraaie manier afgebeeld.

Reading helps the mind staat er in grote, gele letters onder geschilderd. Daar kan ik het alleen maar volledig mee eens zijn!

Dean rijdt verder de wijk in, waar de stenen huisjes plaats maken voor de blikken huisjes, waar het in de zomer heet en in de winter koud is. De straten hebben namen als Psalmstraat, Apostelstraat en Hoepriesterstraat. Het zal wel een diepgelovige wijk zijn. Er is ook nog een wijk met mannen- en vrouwennamen. Op de een of andere manier zit er wel structuur in deze wijken. Zo moeten mensen die een bedrijfje of een winkel hebben hun huur aan de gemeente betalen.

'Zie je de auto's die hier rondrijden? Allemaal prima auto's ,' merkt Dean op.

Ja, dat was mij ook al opgevallen. De tegenstellingen zijn soms verwarrend groot.

'Dan gaan we nu naar Penduka,' zegt Dean als ik hem vertel dat Jan en ik daar al twee keer eerder zijn geweest.

Zo gauw Dean het terrein oprijdt komt het me bekend voor. De grote ruimte waar de vrouwen hard aan het werk zijn achter naaimachines en met strijkijzers. Er worden hier prachtige dingen gemaakt. Van dekbedovertrekken tot pannenlappen. Alles wordt met de hand gemaakt, is vaak voorzien van Afrikaanse afbeeldingen en ziet er bijzonder smaakvol uit. Ik zie aardewerken serviesgoed en sieraden op de planken staan.

'Werken hier alleen maar vrouwen?' vraag ik om me heen kijkend.

'De *driver* en de beveiliging zijn mannen, verder werken hier alleen maar vrouwen.'

Ruim twintig jaar geleden is Penduka, dat 'word wakker' betekent, opgericht door een Nederlandse vrouw. Op dit moment woont ze weer in Nederland, maar ze is nog altijd betrokken bij Penduka. Ze komt elk jaar een paar keer naar Windhoek. Er werken hier vrouwen van alle leeftijden, sommige werken hier al meer dan tien jaar.

Er is een restaurant waar het heerlijk zitten is. We lopen door naar de winkel waar van alles te koop is. Vooral de handdoeken met een geborduurde rand van olifanten vind ik erg mooi. De handdoeken die ik het leukst vind zijn nog niet voorzien van het Penduka-label. Geen probleem. Klaar terwijl ik wacht.

'Wil je mij in het centrum van de stad afzetten en om vier uur weer op komen halen om mij naar Guesthouse Villa Vista te brengen?' vraag ik aan Dean.

'Blijf je dan helemaal alleen in de stad?' zegt Dean, die dit duidelijk geen goed plan vindt.

'Jazeker. Ik ken de stad wel een beetje,' zeg ik met meer bravoure dan ik werkelijk voel.

Ik wil graag wat winkelen, lunchen bij The Zoo en gewoon wat rondslenteren, herinneringen ophalen en genieten van het zonnige weer. Nooit eerder was ik ergens alleen in het buitenland.

'Nou ja, je ziet er in ieder geval niet uit als een toerist. Jij draagt tenminste geen kakikleding,' zegt Dean met een diepe zucht als hij me in het centrum afzet.

*F*amilie

'Ik stuur wel een *driver*. Hij brengt je graag naar Klein Windhoek Guesthouse,' zegt onze vriendin Elise, eigenaar van Explore Namibia.

Ik verhuis van mijn leuke guesthouse in de stad, naar Klein Windhoek Guesthouse in de buitenwijk van Windhoek; een plek met volop parkeerruimte. Er wordt van alles gerenoveerd en bijgebouwd. Het is voor mij dé plek om op mijn familie te wachten. Jan, zijn broer Harry met dochter Susan en haar zoon Chiel, kunnen elk moment dit terrein oprijden. Tien dagen zijn ze met elkaar op pad geweest door Namibië.

'Oké, dan ga ik een keer met jou naar Afrika,' heeft Jan heel veel jaren geleden ooit eens tegen Susan gezegd.

Een opmerking die Susan in haar geheugen heeft opgeslagen, een opmerking die Jan allang weer vergeten was. Susan niet. Zij trouwde, kreeg drie mooie kinderen waarvan haar oudste, zoon Chiel, een grote fan is van Freek Vonk. Tijdens onze laatste zuidelijk Afrika-reis kwam deze belofte merkwaardig genoeg ineens weer bij ons naar boven.

'Maar dan moet Chiel ook mee,' zeiden we tegen elkaar.

Plannen gesmeed in Afrika werden blij in Dutchland ontvangen. Mm, dacht broer Harry. Dat lijkt mij ook wel wat. Hoe bijzonder is het om samen met mijn broer, mijn dochter en mijn kleinzoon naar Namibië te gaan. Geld werd gespaard, plannen gemaakt, ASCO had een uitstekende auto beschikbaar en het team van Explore Namibia zorgde voor een perfecte invulling van de reis.

'Als jullie dan toch met zijn drieën zijn, kan Jan dan niet in Namibië blijven? Dan vlieg ik na. Jullie maken de reis zoals gepland. Wanneer jullie terugkomen in Windhoek dan ben ik daar. Wij brengen jullie naar het vliegveld en dan kunnen Jan en ik samen nog een rondreis maken,' legde ik de Rosmannen voor. 'Ik kom wel een dag eerder. Ik ga nooit alleen op reis, laat staan dat ik alleen in het buitenland ben,' ging ik verder.

Windhoek ken ik wel een beetje, daar red ik me wel, dacht ik er achteraan.

Chiel kreeg een paar dagen eerder vrij van school, vaccinaties werden gehaald, paspoorten vernieuwd en helemaal voorbereid zijn ze tien dagen geleden vol grote verwachtingen vertrokken. Alle berichten die ik kreeg waren zo enthousiast.

Vanaf het grote terras heb ik een prima uitzicht op alle auto's die af en aan komen rijden. Met een oog gericht op de parkeerplaats zit ik zeer ongeduldig te wachten. Het is hier gezellig druk. Engels en Afrikaans gebabbel om me heen, dat weer wordt vermengd met de kliktaal die ook door sommige bezoekers wordt gesproken. Dat is het leuke aan dit guesthouse; hier komt iedereen en zo krijg je een kleine indruk van alle verschillende mensen die in dit land wonen. De rokers weten allemaal het bordje *please no smoking* succesvol te negeren. De warme wind waait alles weg. Iedereen drinkt bier en eet vlees, erg veel vlees, te veel vlees.

Ik krijg een houten kont van de houten bank; ik pak mijn spullen en loop naar de weg. Mijn bagage staat veilig in het kantoor.

Het guesthouse staat aan een doodlopende weg; ik loop de straat uit richting de grote weg. Ik zie aan de overkant een soort van bankje staan waar ik prima kan zitten. Even wachten op die ene grote 4x4 auto die eraan komt rijden. Het zou toch niet????

Yeah! Daar zijn ze. Whow. Het enthousiasme springt me tegemoet. Ik maak snel een paar foto's. Stap gauw bij hen in de wagen en samen rijden we naar het guesthouse. Allereerst Jan feliciteren die vandaag jarig is. Jarig zijn in Afrika geeft je verjaardag toch wat extra glans. De verhalen buitelen over elkaar heen en allemaal zijn ze diep onder de indruk van alles wat ze gezien en beleefd hebben. Ook weten ze nu al: wij komen terug!

Snel pakken we alle bagage uit de auto. De kamers zijn nu beschikbaar en binnen een mum van tijd ligt alles verdeeld over de kamers. Deze auto moet terug naar ASCO en Jan en ik moeten onze auto in ontvangst nemen. Het kantoor sluit om vijf uur en iedereen heeft zin in het weekend. De wagen wordt in ontvangst genomen en alles wordt even samen door- en langsgelopen. Papieren worden ingevuld, vragen beantwoord en samen stappen we in een brandschone 4x4 die de komende weken ons huisje zal zijn. Geroutineerd rijdt Jan de wagen naar Klein Windhoek waar iedereen dankbaar gebruik maakt van alle luxe die een prettige kamer te bieden heeft.

Vanavond hebben we iedereen uitgenodigd voor een verjaardagsetentje in Joe's Beerhouse. Windhoek verlaten zonder in dit roemruchte restaurant te zijn geweest is als naar Parijs gaan en de Eiffeltoren niet bezoeken.

In de loop van de jaren hebben we met Marco, Elise en hun twee jongens een fijne en dierbare vriendschap opgebouwd. Zij wonen en werken ruim twaalf jaar in dit Afrikaanse land. Marco is mede-eigenaar van ASCO en Elise is eigenaar van Explore Namibia. De liefde voor dit land heeft ons samengebracht. Meestal bezoeken we elke twee à drie jaar dit deel van de wereld.

Joe's Beerhouse is een begrip. Het is groot, het staat vol met oude meuk van opgezette dieren tot een aquarium vol met vissen. Alles is zo smaakvol neergezet dat het leuk is, het is gezellig, het is groot en het heeft een western-sfeertje. Elk moment verwacht ik cowboys en indianen die met getrokken revolvers binnen komen stormen. De sfeer is geweldig, het personeel professioneel en infor-meel. We zijn wat laat, de familie en hun geliefde nanny Miss Betty zitten er al.

Chiel moet onmiddellijk meekomen, Bram en Levi willen hem graag de grote vissen in het aquarium laten zien. We zitten gezellig met elkaar aan de grote ronde tafel. Me-nu's worden uitvoerig bekeken; we kiezen allemaal, met een lichte schroom, dat dan wel weer, voor verschillende soorten wild: zebra, koedoe en springbok. Dat wat we overdag zo graag willen bewonderen, willen fotograf-eren, belandt nu in kleine stukjes vlees op ons bord. Enige hypocrisie is ons blijkbaar niet vreemd. Onze schroom zetten we snel opzij als we na een paar hapjes al proeven hoe lekker het allemaal is.

Geen verjaardag zonder cadeaus. Elise gaat staan, houdt een lieve korte toespraak over hoe onze vriendschap is ontstaan, hoe we elke keer moeiteloos de draad weer oppakken, hoe we de liefde voor dit continent delen en dat we tijdens onze reizen door meer dan 15 verschil-lende Afrikaans landen nog maar één keer een luipaard hebben gezien. Er komt een groot pak tevoorschijn waar een schitterende pastelkrijttekening van een luipaard in-zit. Daar hebben we zeker een geschikte plek voor in on-ze woonkamer. Ietwat overdonderd neemt Jan heel graag het cadeau aan om het even later weer bij Elise in te leveren. Het zou jammer zijn om dit onze hele reis mee te nemen.

We halen het graag weer op als we over een paar weken hier weer terug zijn. Het wordt een leuke avond vol met verhalen, anekdotes en Hollandse gezelligheid.

*D*e reis gaat verder

Wanneer je dol bent op steenrode, bruine, oranje en andere warme kleuren dan kun je hier je hart ophalen. Afrikanen hebben smaak, weten uitstekend wat de meeste toeristen graag kopen en weten van afval en in mijn ogen soms gewoon rommel, de mooiste dingen te maken. Hun creativiteit is eindeloos.
De oude bierbrouwerij The Old Brewery is jaren geleden verbouwd en is nu als het ware één grote fairtrade winkel. Verschillende groepen, verenigingen, coöperaties die overal in Namibië wonen en werken, hebben hier hun verkooppunt. De keuze is reuze, het aanbod is smaakvol.
'Ik wil nog zo veel meenemen. Sieraden voor mezelf, voor onze dochters, voor mijn moeder, zus en vriendinnen. Alles vind ik zo mooi,' zucht Susan.
Harry en Jan lopen direct door naar het restaurant waar ik van vorige bezoeken nog weet dat er een van de lekkerste cappuccino's in Namibië worden gemaakt. Er is prima Wi-fi en veel te kijken. Wij gaan ons uitstekend vermaken. Ik geniet van Susan's enthousiasme. Ieder winkeltje heeft een eigen verkoopster. De keuze varieert van tassen van soepel leer die honderden euro's kosten tot kleine hebbedingetjes van een paar euro. Niemand dringt ons iets op en heel relaxed lopen we rond en hebben er geen enkele moeite mee om de mannen aan hun lot over te laten. Gelukkig is er een pinautomaat in de buurt en hebben we de creditcard niet voor niks meegenomen. Met onze handen vol lopen we naar het restaurant waar Jan en Harry geduldig zitten te wachten.
'We zijn nog niet klaar hoor,' zeggen we direct in koor.

De broers besluiten om op zoek te gaan naar een motor-zaak die hier ergens in de stad moet zijn. Windhoek is niet groot en men zegt altijd dat alles hooguit vijf minuten van elkaar verwijderd is. Mm, als je een goed gevoel voor richting hebt en als je hier bekend bent, denk ik. We spreken af elkaar in restaurant The Zoo te ontmoeten. Dat weet zelfs ik te vinden.

Susan, Chiel en ik lopen genietend rond, bevoelen en beknijpen van alles voordat er tot een koop wordt over gegaan. Alles heeft een vaste prijs en dat maakt het wel makkelijk. Met de handen vol en de portemonnee leeg, loopt Susan zeer gelukkig naast mij als we gedrieën richting The Zoo wandelen, waar als afgesproken Jan en Harry ook net aan komen lopen. Ze hebben de motorzaak niet kunnen vinden. Tja, mannen zijn nu eenmaal niet zo goed in winkelen als vrouwen!

'Daar zijn ook nog veel leuke spullen,' wijst Susan naar een parkeerplaats waar veel verkoopsters hun spullen netjes hebben uitgestald op kleden op de grond.'

'Kijk, ook Himba-vrouwen,' zegt Chiel.

Niet veel later zitten de eerste spullen, na enig onder-handelen, alweer in de tas. De Himba-vrouwen voelen zich met hun blote lijf en leden helemaal thuis tussen alle keurig geklede zakenmensen die gehaast door de straten lopen en de toeristen die op hun gemakje aan het snuf-felen zijn. Een Himba-peutertje, met een bijna geheel kaal koppie -alleen een klein plukje haar staat als een ei-genwijs staartje op zijn voorhoofdje-, kruipt rond zijn moeder en probeert zich aan een stapel dozen op te trek-ken. Hij krijgt het niet voor elkaar, geeft de strijd op en gaat er maar rustig bij zitten. Het geeft me een goed gevoel dat alle verschillende mensen hier allemaal senang rondlopen.

Een beschadigde houten schaal, die Susan erg mooi vindt, wordt door de verkoopster ter plekke hersteld. Gefascineerd kijken we naar haar handelingen van schuren, van houtsnippers vermengen met lijm en zo vult ze zorgvuldig het gat, dat ik best wel groot vond, helemaal op. Het wordt zo een mooie schaal met een mooi verhaal.

'Mijn geld is nu echt op,' lacht Susan innig tevreden.

Behalve zichzelf, heeft ze heel veel Namibische vrouwen vandaag zeer gelukkig gemaakt. Chiel is even later helemaal in zijn nopjes met een prachtig houten beeld. Een beeld waar de *big five*, die dieren die iedereen altijd zo graag wil zien, in uitgehakt zijn. De leeuw, het luipaard, de buffel, de neushoorn en het nijlpaard.

Bij The Zoo genieten we allemaal van een lekkere lunch en worden alle indrukwekkende Afrika-verhalen nog eens weer verteld, glijden herinneringen voorbij en klinkt er heimwee door in de stemmen. Namibië heeft er een paar oprechte fans bij.

'Ik geloof dat ik toch nog niet genoeg gekocht heb,' zegt Susan hardop denkend.

Gelukkig passen we samen met alle souvenirs en de bagage in de auto en rijdt Jan ons naar het vliegveld van Windhoek. Nog één drankje, nog één knuffel, nog één keer zwaaien en daar gaan ze, terug naar Nederland.

Baie goeie reis naar huis. Wij gaan naar Botswana!

*W*elkom in Botswana

'Jullie reden 107 waar de maximale toegestane snelheid tachtig kilometer per uur is. Wij nemen dit in Botswana zeer serieus,' zegt de jonge politieagente tegen ons.

Nog geen uur in Botswana en nu al een dikke prent. De vrouw neemt de pet van haar hoofd, wrijft over haar ingevlochten haar, drukt de pet weer stevig op haar hoofd alsof ze zo haar woorden kracht bij wil zetten.

'Kom, dan kun je het zelf zien,' beveelt ze Jan om uit de auto te stappen.

Het boeteapparaat is hypermodern en Jan ziet met eigen ogen dat hij inderdaad 27 kilometer te hard heeft gereden.

'Dat is twintig *pula* per kilometer, plus honderd pula voor de bekeuring. Dat is standaard.'

'Ik heb geen pula. We zijn net in het land en hebben nog geen gelegenheid gehad om geld te pinnen,'antwoordt Jan. 'Wij hebben alleen nog Namibische dollars.'

Achter de agente staat een politiewagen met een stevige agent achter het stuur.

'Ik heb hier een creditcardmachine,' zegt de man op een vriendelijke toon.

Het is duidelijk dat de Botswaanse politie op alles is voorbereid. Ja, wat wil je. Hier rijden veel toeristen die helemaal niet alert zijn op verkeersborden die zomaar van 120 kilometer per uur naar tachtig kilometer per uur gaan.

'Wat doe je daar? Maak je een foto van mij? Het is absoluut verboden om een agente in functie op de foto te zetten,' zegt de vrouw vinnig tegen mij als ze ziet dat ik met mijn telefoon een foto maak.

'Je gezicht is niet te zien,' zeg ik snel.

'Geef hier,' gebiedt ze mij.

Dacht ik even stiekem een foto te maken. Nee dus. Aarzelend geef ik haar mijn telefoon. Ze loopt ermee naar de man. Het is overduidelijk dat ze mij ook erg graag op de bon wil slingeren. De man keurt de foto goed en ik krijg, met de nodige tegenzin mijn telefoon terug. Jan krijgt een bewijs van betaling. Wij besluiten om deze bon onmiddellijk te vergeten en rijden, nu nog beter oplettend, verder Botswana in.

In Ghanzi, de eerste grote stad die we tegenkomen, stoppen we bij een winkelcentrum. Eerst maar geld pinnen en dan boodschappen inslaan. Het geld van dit land, de pula, is iets meer waard dan de Namibische dollar. Dat is het prettige van geld pinnen, straks direct even op de bankapp kijken dan weet ik precies hoeveel ik heb betaald voor tweeduizend pula. Pula betekent regen en dat hebben ze hier de laatste weken volop gehad. Hele delen waren en sommige delen zijn nog steeds onbegaanbaar. Toeristen worden gewaarschuwd om zich goed voor te bereiden. Mensen moeten zich goed laten informeren voordat men een van de parken inrijdt.

De luchten lijken weidser, de wolken witter, het gras groener, het blauw is vele malen blauwer. De wereld is eindeloos, het asfalt is uitstekend, het verkeer spaarzaam maar het vee veelvuldig. Ezels, koeien, geiten, paarden en enkele struisvogels zorgen voor afleiding en alertheid. De dieren lopen werkelijk overal: langs de weg, midden op de weg en nemen alle tijd. Vooral de ezels hebben er een pootje van om lang stil te blijven staan voordat ze verder lopen. Nu hebben we een indrukwekkende grote *bullbar* voor op de auto maar het is natuurlijk niet de bedoeling om deze te gebruiken. Uren rijden we, stoppen af en toe om wat te drinken, te eten en om de benen te strekken. De route mag dan weinig spectaculair zijn, de eindeloze luchten compenseren dit meer dan voldoende. De bewegwijzering is goed, de auto perfect en het gezelschap uitstekend. De B6, die vanaf Botswana overgaat in de A2, brengt ons naar Maun. Maun is van een klein plattelandsdorpje uitgegroeid tot een redelijke stad, waar de ene na de andere winkel te zien is. Maun is de uitvalsbasis voor safari's naar het Chobe National Park en de Okavanga Delta.

Sommige mensen vinden dat we soms een hele lange rijdag hebben van wel achthonderd kilometer en snappen niet goed dat wij oprecht van elke kilometer genieten. Er is altijd wel iets te zien, te praten of te zwijgen. Wij geven er de voorkeur aan om af en toe een lange rijdag te maken in plaats van elke dag ergens rond een uur of twee uur aan te komen. Na een lange rijdag volgt altijd een dag of meer dagen van rustig aan doen. In de loop van vele reizen weten wij precies wat voor ons werkt. Maun is zand, zon en een prettige sfeer van mensen die komen en gaan.

'Zullen we weer naar het Sedia Hotel gaan?' stel ik voor. 'Daar zijn we de vorige keren ook geweest.'
Bij dit hotel hoort een grote camping die doorloopt tot aan de rivier. Het ligt een kleine tien kilometer buiten het centrum. Het grote voordeel van een camping bij een hotel of lodge is dat alle voorzieningen ook voor jou als kampeerder gelden. Het zwembad, het terras en de Wi-Fi. Het grappige is dat deze campings ook vaak nog goedkoper zijn.
We stappen de hotellobby binnen en kunnen concluderen dat hier de laatste jaren weinig tot niets is veranderd. Dezelfde grote houten beelden staan er nog steeds.

'Jazeker, we hebben voldoende plek. Zoek maar een plek uit,' zegt de receptioniste.

Jan rijdt door de waterplassen het terrein op, waar behalve een paar grote overlandtrucks niet veel andere kampeerders zijn. Binnen een paar tellen zijn we geïnstalleerd, zijn de tafel, de daktent en de stoelen uitgeklapt en lijkt het alsof we niet weg geweest zijn. Op de een of andere manier is het leuk om op dezelfde camping te staan. Al reizend door vreemde en onbekende landen is blijkbaar de behoefte aan iets vertrouwds en bekends toch ergens latent aanwezig.

Straatsafari

Het heeft de halve nacht geregend. Het regent nog als ik de daktent, die trouwens geen krimp heeft gegeven, uitklim. Ik pak snel mijn spullen en loop naar het hotel. Dat is dan weer zo leuk aan Afrika. Niemand vindt het vreemd, wanneer ik met mijn toilettas en mijn kleren onder de arm in mijn nachtponnetje door de donkere hotellobby naar de damestoiletten loop. Het toiletgebouw is verder weg en als het regent kies ik graag voor gemak. Het is nog donker in de lobby. Een schoonmaakster zet overal kaarsen neer. Het elektriciteitsnet heeft ook last van de regen, omvallende bomen en meer van dit soort ongemakken.

Terwijl ik me opfris en aankleed is de vrouw, gehuld in een witte regencape, bezig om de toiletten bij kaarslicht schoon te maken. Tegen de tijd dat ik klaar ben en terugloop, druppelt het nog een beetje, liggen er overal diepe plassen water, voelt alles klam en vochtig aan en heeft Jan alles ingeklapt en opgeruimd . Jan rijdt naar een overkapping die we gisteren direct al gespot hadden. Ontbijten, de thermos vullen met heet water en wij zijn klaar voor de lange rit naar Kasane.

We kunnen over de dirtroad gaan die door het Chobepark gaat of de verharde weg, de A3, die ons over asfalt naar Kasane zal brengen. Gezien de regen die hier de laatste tijd is gevallen, de buien die ongetwijfeld nog komen gaan, kiezen we ondanks onze stoere wagen toch voor de langere asfaltweg. In afstand veel langer, in tijd zal het niet veel uitmaken.

De omgeving oogt als een Hollands polderlandschap, vlak, lage begroeiing en voilà daar staat een grote olifant. 'Kijk, daar,' wijst Jan, die bijna altijd al het wild als eerste spot.

Whow, hier had ik helemaal niet op gerekend. Een grote *bull* staat aan de kant van de weg zijn dorst te lessen in een grote waterplas. Jan stopt de auto en natuurlijk maken we teveel foto's. Maar ja, de eerste olifant maakt nu eenmaal altijd de meeste indruk. Ook weten we zo weer zeker dat we niet door de Hollandse polder rijden. Een kudde giraffes aan de andere kant van de weg maakt het Afrika beeld compleet. Glimmend van plezier kijken we elkaar aan. Zo, die hebben we toch maar mooi te pakken en dat geldt ook voor de tweede bekeuring.

Gatver, de gatver. We zijn het dorpje Nata net gepasseerd, rijden amper zeventig kilometer als er een man in politie-uniform met witte pet ons staande houdt. Aan de beurt, straalt de man van alle kanten met heel veel plezier uit. Nu kan ik iemand die veel plezier in zijn werk heeft altijd waarderen, maar er zijn grenzen.

'U reed zeventig in een zestig kilometer zone,' zegt de man met een grote lach.

'Wij hebben echt geen bord gezien,' zeg ik oprecht.

Ook hij is onverbiddelijk. Zijn collega zit achter een tafel, gooit zijn lege etensbakje achter zich neer en zal de financiële afhandeling voor zijn rekening nemen. Hoppa, nog een auto, ook aan de beurt. Er stappen vier mannen uit die ook direct beginnen te protesteren. Jammer genoeg zijn deze agenten daar niet gevoelig voor. Te hard rijden, is te hard rijden en regels zijn regels, dat is wel duidelijk.

'Is het vandaag soms toeristenpestendagje,' moppert de blanke man.

Zijn drie reisgenoten kunnen er wel om lachen, kijken geïnteresseerd op de snelheidsmeter en hebben nog meer lol als ook de volgende auto, waar een jong Nederlands stel uitstapt, helemaal de hoofdprijs kan betalen.

'We kennen de prijzen,' zeggen we als de agent ons een A-4tje laat zien waar de prijzen opstaan.

'Ik gaf net een dot gas,' lacht de Nederlandse vrouw. 'Ik heb nergens een bord gezien,' zegt ze.

Wij ook niet; terwijl we er naar ons gevoel toch scherp op gelet hebben. Op zo'n manier jagen we letterlijk en figuurlijk ons geld er snel doorheen. Het heeft echt geen zin om er sikkeneurig over te doen. Eigen schuld, dikke bult. Nog beter opletten is de boodschap. De andere Nederlanders betalen ook zonder te mopperen.

We rijden verder, spotten de ene na de andere olifant en genieten volop van elke meter die we afleggen. Meestal zijn het eenzame bulls die als weggestuurde lastige, oude mannen nu hun dagen in eenzaamheid slijten. Een kudde bokkies graast hun maaltijd bij elkaar. We zijn overdonderd door al het wild dat we hier zien. Dit hadden we misschien verwacht op de weg door Chobe, maar dat we zoveel wild gewoon langs de kant van deze asfaltweg zouden zien, daar hadden we helemaal niet op gerekend.

De *potholes* zijn verraderlijk, talrijk en vaak niet te zien. Iedereen probeert zoveel mogelijk om deze gaten, waarvan sommige behoorlijk diep zijn, heen te laveren. Gelukkig kan de auto tegen een stootje. Jan kan zijn aandacht dan ook geen moment laten verslappen en dat zorgt er mede voor dat hij alles, tot mijn frustratie, zo vaak eerder ziet dan ik. Mijn gedachten willen nog wel eens een eigen leven leiden.

Aan de rechterkant zien we ineens het grote logo, in de vorm van een globe, van Planet Baobab, die leuke camping waar we tijdens onze eerste reis door Botswana in

2003 een paar dagen hebben gekampeerd. Aan de andere kant van de weg staat een groot, roze beeld van een aardvark. We rijden inmiddels door het Makgadikgadi Park, het park dat bijna net zo groot is als Portugal. Ooit was dit park het grootste meer van Afrika. Het gebied bevat een van de grootste zoutwaterpannen in de wereld. Geen gebied waar veel mensen kunnen en willen wonen. Dieren denken daar echter heel anders over. Vogels, leeuwen, zebra's, cheeta's, gemsbokken, springbokken, giraffen, steenbokken en onder andere olifanten voelen zich helemaal thuis op deze zoutvlaktes. Net als mijn favoriete bomen, de baobabbomen.

Jan draait de auto het terrein van de camping op. Was het toen knetterheet, nu is het alleen maar heet. Het ziet er allemaal geweldig uit. Rondavels zijn versierd met geometrische afbeeldingen. Er is een grote eetzaal waar toen nog volop aan gebouwd werd. Vriendelijk personeel en bezoekers die op een zachte, beschaafde toon met elkaar praten. De paden zijn netjes aangelegd en overal staan lantaarns die 's avonds voor een sprookjesachtige sfeer zorgen. Zo rondslenterend halen we de ene na de andere herinnering naar boven en we bestellen een lunch. Een heerlijke lunch van toast met kip en mayonaise, patatjes en een salade erbij.

'Is dit een privéonderneming of in bezit van de overheid?' vraag ik aan de verlegen serveerster.

'Geen idee. Ik werk hier net,' antwoordt ze op een verlegen, zachte toon.

De grote baobabbomen staan volop in het groen en domineren deze camping. Zij hebben hun naam aan dit hele complex gegeven. Er komt een hele bleke toerist in perfecte safarikleding aanlopen, hoed op zijn hoofd; hij gaat bij de andere mensen zitten. Zijn Britse nationaliteit druipt van de man af.

'Wat zijn dat toch? Volgens mij zijn het jakhalzen,' wijst Jan naar rechts. 'De dieren zien er zo vlekkerig uit.'
'Allemachtig, dat zijn wilde honden,' roept Jan helemaal blij en opgewonden.
Whow, wilde honden, nog zeldzamer dan luipaarden, zomaar aan de kant van de weg. Een vijftal gevlekte wilde honden, met belachelijk grote oren, witte pluimstaart dartelen in de berm, rennen over de weg, elkaar plagend als uitgelaten pubers, voorbij. Eentje is wel heel brutaal en gaat pal naast onze auto uitgebreid op de weg staan poepen. De bekeuring zijn we nu definitief vergeten, genieten volop van deze dieren en kijken elkaar helemaal blij aan. Jan maakt de ene na de andere foto, draait de auto wat dichterbij zodat we er nog een betere kijk op hebben.
'Als dit zo doorgaat, dan komen we vandaag nooit in Kasane,' zeggen we lachend tegen elkaar.
Gelukkig zijn er overal campings. Nog maar net bekomen van deze honden scharrelen er zomaar vijf olifanten in de berm en hopla daar alweer een kleine roedel wilde honden. Het houdt niet op. We zijn beiden helemaal flabbergasted door alles wat we zien. De honden drentelen om elkaar heen. Ma hond likt haar peuter liefdevol. We staan erbij en kijken ernaar. Wat een wereld, wat een dierentuin. De vlekkerige honden met allemaal hun eigen vlekjespatroon storen zich niet aan ons. Wij maken weer foto na foto. Zo komen we er dus nooit.
Regelmatig passeren we grote zendmasten die door grote zonnepanelen van stroom worden voorzien. Het terrein rondom is afgebakend, er staat altijd een wat oud en versleten tentje bij en een bewaker op een stoel ernaast. Hoe alleen en eenzaam kan je werk zijn?
Ongeveer honderd kilometer voor Kasane nog even een regenbui, net alsof er nog niet genoeg is gevallen, maar

dan rijden we aan het eind van de dag helemaal hieperde-pieper Kasane binnen waar de Chobe Safari Lodge snel gevonden is. Op de bijbehorende camping is nog voldoende plaats en is de ons toegewezen plek nummer 21 een heerlijke, grote stek. Er is stroom en volop ruimte.

Het grote sanitairgebouw is pico bello. De wasbakken zijn hier versierd met afbeeldingen van dieren. In de ene een afbeelding van een olifant, een andere heeft weer nijlpaarden, vogels of vissen. Ook erg praktisch, niks dames- of herenafdeling, gewoon één keurig gebouw voor alle vrouwen en mannen. Net als thuis. Waarom ook niet?

Een paar wrattenzwijnen kuieren rond en twee bavianen staan bij de ingang nieuwsgierig naar alles en iedereen te kijken. De bewaking is vriendelijk en behulpzaam en is hier elke minuut van de dag aanwezig. Ik vind dat altijd een geruststellende gedachte. De indrukwekkende lodge is nog precies zoals ik het me herinner. De grote wat tipi-achtige ingang, de eetzaal en het grote openluchtrestaurant dat als het ware rondom het zwembad is gegroepeerd. Wi-Fi zweeft weer door de lucht.

'Voer alsjeblieft geen dieren. Ruim alles op, sluit de auto goed af en laat niks slingeren,' drukt de man bij de receptie ons op het hart.

Wild moet vooral wild blijven!

*D*e Chobe-rivier

Zoals overal in Afrika begint ook hier de dag vroeg. Zo gauw de nacht plaats maakt voor de dag, beginnen de vogels te kwetteren, tjilpen en ritselen er allerlei insecten die zich nooit laten zien en haalt de onderhoudsman met veel kabaal en lawaai het vuilnis op. Met een grote schep schept hij de groene tonnen leeg. Alle vuilnistonnen zijn afgeschermd met grote roosters zodat de mens het afval erin kwijt kan, maar de listige apen er net niet bij kunnen. De ochtend, voor mij het mooiste moment van de dag. En als die dag dan ook nog in Afrika begint, begint mijn dag helemaal perfect.

Kasane ligt op een strategisch knooppunt; de buurlanden Namibië, Zambia en Zimbabwe allemaal binnen handbereik. De machtige Chobe-rivier stroomt door dit gebied en heeft zijn naam behalve aan onze camping, ook aan het grote Chobe-park gegeven. Kasane heeft een beetje dezelfde sfeer als Maun. Toeristen komen en gaan, alles is te koop en iedereen hier verdient op de een of andere manier aan het toerisme. Er hangt een prettige, wat losse sfeer. Wij herkennen veel, soms de meest triviale dingen. Ik herken dan wel een verkleurd reclamebord, maar een winkel die er duidelijk al jaren staat zegt me dan weer helemaal niets. Maar de supermooie tocht die we een paar jaar geleden over de Chobe-rivier hebben gemaakt, die kan ik me bijna tot in detail herinneren.
Rond drie uur in de middag vertrekken de bijzonder luxe boten voor een cruise over de rivier. Uit ervaring weten we dat de wereld er vanaf het water altijd anders uitziet.

Vanaf de lodge lopen we naar de steiger waar de boten klaarliggen. Blauwe vloerbedekking op de bodem, safaristoelen, een bar met volop drank en een dertigtal toeristen. Sommigen zijn van top tot teen ingepakt in de juiste safarikleding, een lange man, uitstraling van een gepest jongetje, heeft diverse camera's en een verrekijker om zijn nek hangen. De wereld op zo'n boot is soms net zo boeiend als de wereld om ons heen.

Bijna geruisloos varen we weg. De gids vertelt van alles, elk woord dat zijn mond verlaat wordt beklemtoond. Ik plant mijn voeten op de railing en laat me graag door het water glijden en hoppa daar is de eerste olifant. Vanaf mijn luxe stoel kijk ik lang naar het mooie dier.

'Oh, my gosh, an elephant,' roept een Amerikaanse vrouw achter mij op een opgewonden toon.

Mevrouw, daar kijken we allemaal al heel lang naar, iedereen heeft al de nodige foto's gemaakt. De vrouw kijkt wat besmuikt om zich heen. Giraffes, koedoes, wrattenzwijnen, het kuiert allemaal voorbij.

'Leeuwen,' roept iemand.

Warempel, twee leeuwinnen hebben ruzie. Ze brullen van boosheid en lopen, zoals alle vrouwen ter wereld, met een opgeheven kop elk een kant uit. Vogels zweven door de lucht en de jacanavogel -in het Engels wordt ie Jesusbird genoemd omdat ie over water kan lopen-, laat zich graag bewonderen. De vogel hipt elegant over het water. Wat een sierlijke diertje! Met zijn blauwe snavel, rode veren en witte buik is het een prachtige vogel. Nijlpaarden snuiven, komen boven en verdwijnen net zo geruisloos weer onder water zoals ze naar boven zijn gekomen. De gids leert ons dat nijlpaarden in groepen leven, en dat deze groepen scholen worden genoemd; dat wisten we dus niet. Bij een school nijlpaarden is er altijd een dominante man, de rest zijn vrouwen met hun eventuele kalveren. Het grootste nijlpaard wipt zijn enorme achterwerk naar boven en sproeit zijn poep als een parfum rond. Zo, nu weten jullie allemaal weer wie hier de baas is. Dit is mijn territorium; afblijven dus. Het water kleurt bruin.

'Weten jullie waarom de olifant, de leeuw, de water-buffel, de luipaard en de neushoorn, tot de Big Five behoren?' vraagt de gids.

Tot groot plezier van de man weet niemand het antwoord. 'Dat zijn namelijk die dieren waarop het het moeilijkst te jagen is. Schiet je bijvoorbeeld een waterbuffel voor zijn kop dan stuitert de kogel net zo hard terug en is de kans erg groot dat de jager zelf het loodje legt,' vertelt de man. Moet kunnen, denk ik stiekem bij mezelf. Ik dacht altijd dat het met de zeldzaamheid van de dieren te maken had. Nee dus. Dan zou natuurlijk de wilde hond er ook bijhoren. Grappig, nu zijn we al zo vaak in dit deel van de wereld geweest, en de Big Five is zo'n begrip. Eerlijk gezegd had ik me dit nooit afgevraagd waarom deze dieren erbij hoorden. Ik heb de indruk dat dit nieuw is voor alle toeristen.

De bar wordt ondertussen goed bezocht. Sommige men-sen hebben meer belangstelling voor hun gin-tonic dan voor de imponerende omgeving. De felrode wevervogel is van een zeldzame schoonheid. Terwijl ik genietend op mijn stoel zit, glijdt de Afrikaanse wereld aan mij voor-bij. Een leeuw en een olifant staan zo dichtbij elkaar dat ze in een foto te vangen zijn.

'Hoe bijzonder is dat? Twee van de vijf in één foto,' benadrukt de gids ons aankijkend.

Wij knikken allemaal braaf. Er vaart een zeer luxe boot voorbij, waar mensen allemaal hun eigen kamer hebben. De schuifpuien staan open en geven ons zo een royale kijk op de luxe kamers. Wat super. Relaxed in je eigen kamer, of vanaf je eigen balkon hier te varen. Op de tweede verdieping zie ik geriefelijke banken staan. De Zambezi Queen is waarlijk van koninklijke allure. Gelukkig maakt het de dieren allemaal niks uit. Hun gracieuze schoonheid is voor ons allemaal weggelegd.

Naar Zimbabwe

Er staat een bescheiden rij vrachtwagens bij de grens van Botswana naar Zimbabwe. Wij passeren de rij en Jan kan de auto pal voor het kantoor van de Botswaanse douane parkeren. De formaliteiten zijn snel afgehandeld, een land uitgaan gaat altijd vlot. Weer in de auto, om een paar honderd meter verderop alweer te stoppen voor het kantoor van Zimbabwe.

'Kom, kom, ik help jullie wel met alle formulieren,' zegt een jonge man met een officieel uitziende pas om zijn nek.

Nou hebben we in de loop van de jaren een gezonde dosis wantrouwen ontwikkeld voor 'behulpzame mensen' bij douanes. Gratis is vaak niet gratis, hulp is vaak niet nodig en behulpzaam is vaak eigenbelang.

'Waar is jullie *Letter of Authority*?' gaat de man verder.

Dat is het bewijs dat onze ASCO huurauto de grens over mag. Die heb ik natuurlijk bij de hand. Heb mijn handen vol met papieren.

'Een visum kost dertig Amerikaanse dollar per persoon. Te betalen in dollars, pula of euro, dat mag ook. Dan betaal je 25 euro,' zegt de grote man achter het loket.

Op alle reizen neem ik altijd een paar honderd Amerikaanse dollars mee. Deze keer compleet vergeten. Gelukkig heb ik nog heel wat pula's. Wij waren zo van plan om naar Zambia te gaan dat ik me niet in Zimbabwe heb verdiept. Wij reizen helemaal blanco naar dit land. Ik ga straks wel geld pinnen als we in de stad zijn, denk ik heel onschuldig.

Onze plannen om helemaal naar Katete in Zambia te gaan hebben we laten varen. Zimbabwe hing er een beetje bij toen we deze reis aan het plannen waren. Vertrouwend op onze Afrika- en reiservaringen gingen we op pad. Ook omdat we aan het eind van het regenseizoen reizen, laat alles zich niet plannen. Ik betaal het gevraagde bedrag. De man geeft ons een paar indrukwekkende visums.

'Hoe zit dat met jullie voetbal?' vraagt de man lachend.

Hoe vaak is dat ons niet overkomen, waar ter wereld wij ook waren. Wanneer Nederland slecht voetbalt worden wij vaak door douane- en politiemensen ter verantwoording geroepen. Ik geef geen bal om voetbal, maar als Nederland het goed doet pluk ik daar met plezier de vruchten van.

'Te jong en te veel geld,' lacht Jan.

De man knikt bevestigend.

'Voor wie zijn jullie nu dan?' gaat de man verder.

'Voor België, dat zijn onze buren. Het is belangrijk om op goede voet met je buren te staan,' doe ik ook een duit in het zakje.

Dit antwoord kan duidelijk zijn goedkeuring wegdragen en we mogen door naar het volgende loket, waar de behulpzame man gewoon oprecht behulpzaam is, gewoon zijn werk doet en ondertussen tientallen vragen voor ons heeft ingevuld. Alles wat de auto betreft moet ingevuld worden. Van chassisnummer tot waar de auto is gemaakt.

'De auto kost honderd Amerikaanse dollar,' zegt de man.

Ik mag de helft in pula betalen en de andere helft met de creditcard. Met een lege portemonnee maar met een superblij gevoel rijden we dan officieel Zimbabwe binnen. Ons achttiende Afrikaanse land!

Zimbabwe begroet ons met een paar tevreden kauwende olifanten, die net als in buurland Botswana graag hun kostje opscharrelen langs de kant van de weg. Dat verklaart ook waarom de grootste olifantendrollen vaak pal aan de rand van de weg liggen. Aan de randen van de wegen vormen zich meestal de grootste waterplassen, daar wordt dan gestopt om te drinken en waar gedronken wordt, daar wordt dus ook gepoept. Olifantendrollen zo groot als voetballen, dobbelsteenachtige voetballen, liggen overal aan de kant van de weg. Menige drol ligt als uitgesmeerde Nutella op het asfalt.

De weg is prima en al snel zijn we in het plaatsje Victoria Falls waar alles en iedereen in het teken van het donderende water van de watervallen staat.

'Ik wil daar graag eerst even pinnen,' zeg ik tegen Jan en wijs naar een paar modern uitziende banken die naast elkaar staan.

Ik duw mijn pasje in de eerste beste geldautomaat die ik zie: op het scherm verschijnt de tekst dat deze machine niet werkt. De volgende ook niet. Mm, wat raar denk ik argeloos en loop de moderne bank binnen.

'Ben je toerist?' vraagt de man.

'Jazeker.'

'Als toerist kun je geen geld pinnen,' zegt de man.

'Hoe bedoelt u? Geen geld pinnen?' vraag ik stomverbaasd.

'Buitenlanders kunnen niet pinnen. Er is geen geld beschikbaar. U kunt met de creditcard betalen, met Namibische dollars, pula's of euro's,' gaat de man verder.

Ik geloof mijn oren niet. Hoezo geen geld? Ergens in mijn brein komt er iets naar boven dat Zimbabwe een failliet land is. Nooit bij stilgestaan. Gelukkig hebben we verschillende creditcards. Zoiets bizars heb ik nooit eerder gehoord. We zijn dus in een land dat geen eigen geld meer heeft.

Een mevrouw tipt ons om naar de camping van het Victoria Falls Restcamp & Lodges, op ongeveer twee kilometer afstand van de watervallen, te gaan. Het vallende water is constant te horen. Leuk! Ook hier is voor de campinggasten het restaurant en het zwembad beschikbaar. Een gezellig restaurant met prettig zittende, plastic, oranje stoelen. De menukaart hanteert westerse prijzen. Het is een leuke, grote camping waar kleine vervetaapjes hoog door de bomen springen. Daar hebben we geen last van denk ik onschuldig.

Ik roer door de pan. Een prutje van spekkies, aardappelblokjes, prei en bonen. Een zomerstamppotje. Hoog boven mij zit een aapje te loeren naar alles wat ik doe. Met een oog op de pan en met mijn andere oog op het aapje gericht loop ik even naar de tafel om wat te pakken. Het zal toch niet. Niet te geloven. Het kleine kreng is naar beneden geklommen en piest met een ferme straal, een meter naast mijn heerlijk pruttelende stamppotje, op de houten tafel. Ik kan net op tijd de pan weggrissen. Wat een rotbeest!

*D*e Victoria-watervallen

Het water van de Victoria-watervallen dondert 24 uur per dag. De helikopters die toeristen de schoonheid van bovenaf willen laten zien, stijgen vroeg in de morgen op. Af en toe dendert er een trein voorbij; de rust is hier ver te zoeken, maar dat vind ik wel leuk. Een beetje reuring bij een van Afrika's grootste attracties, dat hoort erbij. Het is lawaai dat ons niet stoort. Het slapen onder een lekker dekbedje in de daktent gaat uitstekend en helemaal fris en fruitig zijn we klaar voor de donderende schoonheid van de watervallen. Water dat met negen miljoen liter per seconde naar beneden valt.

Voor zo'n wereldberoemde attractie vind ik de parkeerplaats opmerkelijk klein. Zo begin maart zijn we natuurlijk niet in het hoogseizoen; er lopen net genoeg toeristen om het gezellig te maken. De souvenirverkopers hebben hun spullen alweer uitgestald en zijn bijzonder enthousiast in het aanprijzen van hun producten. Erg veel houtwerk, maskers en kleden. De prijzen worden hier ook in Amerikaanse dollars aangegeven. Onderhandelen is een vereiste; de vraagprijs is overal behoorlijk hoog.

Het personeel is vriendelijk en behulpzaam en nadat ik de entree heb betaald, lopen we over de keurige paden van ingelegde stenen naar de watervallen.

Tja, hoe beschrijf je iets dat niet te beschrijven is. Ik denk als vanzelf aan de grote Engelse ontdekkingsreiziger David Livingstone die in de negentiende eeuw vanuit Engeland kwam om dit continent verder te ontdekken en in kaart te brengen, wat natuurlijk bizar is want hoe kun je iets ontdekken dat er altijd al is geweest? Wij weten waar we voor komen. Onze David had geen idee en moet toch totaal overrompeld zijn door dit wonder van natuurgeweld. Als goede monarchist noemde hij deze watervallen de Victoria-watervallen naar de toenmalige Britse vorstin.

'Moet je daar eens kijken? Aan de andere kant, in Zambia, badderen mensen in het water,' wijst Jan.
Warempel, wat gevaarlijk. De stenen waar ze op lopen moeten spekglad zijn. Geen haar op mijn hoofd die er aan denkt om dit te doen.
'Ja, er is een bedrijf in Zambia dat deze trip met zwempartij aanbiedt,' zegt een gids die wachtend op zijn gezelschap ons ziet kijken.
Hij vindt het duidelijk niet verstandig. Waarschijnlijk alleen voor een foto, zodat ze thuis kunnen zeggen: 'Ik heb in het water van de Zambezi bij de Victoria-watervallen gezwommen.'
Er zijn hier twee wandelingen te maken. De ene is ruim een kilometer lang en loopt langs verschillende uitkijkpunten en biedt overal waanzinnige uitzichten op dit wonder van de natuur. De andere wandeling is aanzienlijk korter. De langere pakken we het eerst.

Wat is het hier mooi en wat dondert er een water naar beneden en wat worden wij kletsnat. Door al dat vallende water ontstaan er de mooiste regenbogen die dansen in de zon en het opstuivende water. Razendsnel maken we de ene na de andere foto om de camera weer snel weg te stoppen. Bij elke stap die we zetten worden we natter, de zon schijnt, het is lekker warm, koud worden is er niet bij. Ondanks dat het droog weer is en de zon volop schijnt, is het net alsof iemand een reusachtige sproeier over dit gebied heeft gezet.

De meeste bezoekers dragen lange, plastic regenjassen, Dat lijkt me helemaal niets, dat moet loeiheet zijn. Uren lopen we rond en proberen dit wonder van de natuur zo origineel mogelijk op de foto te zetten. Het zijn diverse watervallen waarvan sommige zo belachelijke groot en imponerend zijn, dat we maar blijven kijken en foto's maken. Zo dondert het water bij de Horseshoe Falls 95 meter naar beneden en bij waterval nummer acht, de Mainfalls, 93 meter. Het hele park ligt er zeer verzorgd bij. Alles ziet er netjes uit, geen afval, een goede bewegwijzering en keurig aangeveegde paden.

De Victoria-watervallen zijn de breedste watervallen van Afrika. Zij vormen een watergordijn van bijna tweeduizend meter breed en ongeveer honderd meter hoog. Op het hoogste punt valt het water bijna honderddertig meter naar beneden. Het zijn indrukwekkende getallen; getallen waar ik helemaal geen beeld bij heb. Ik vind ze gewoon ontzettend groot en imponerend.

De Victoria-watervallen liggen in de Zambezi-rivier tussen Zambia en Zimbabwe en staan op de UNESCO werelderfgoedlijst. In 2003 hebben we deze watervallen vanuit Zambia bezocht. We waren er toen in de maand november en toen viel er beduidend minder water naar beneden.

De Victoria-watervallen, in de lokale taal Mosi-oa-Tunya genoemd, is de forse entreeprijs meer dan waard. Vooral zo aan het eind van regenseizoen is het neerstortende water ongekend. Er lopen weinig bezoekers, geen lawaai. Ineens schiet het me te binnen. Beschaafd, dat is mijn eerste indruk van dit land. Mensen zijn vriendelijk en hoffelijk.

We lopen verder en zien de immense grote brug die Zimbabwe met Zambia verbindt. De plaatselijke bevolking loopt en fietst van het ene land naar het andere en weer terug. De brug ziet er ronduit spectaculair uit en is natuurlijk van onschatbare waarde voor de mensen in dit gebied. Genietend lopen we weer terug naar waar we deze wandeling zijn begonnen. Bij zoiets moois hoort iets lekkers. Er is een gezellig restaurant waar we onszelf trakteren op een grote cappuccino met taart.

'Vandaag hebben we chocoladetaart,' zegt de serveerster. Altijd goed. Ik doe stiekem mijn kleddernatte schoenen uit en ga zo zitten dat de zon mij iets op kan drogen.

Stijf van de calorieën lopen we de laatste honderden meters waar we weer een weids uitzicht hebben over de kloof waar het water ook dondert, spettert en klettert. Wat een wereld. Er komt een echtpaar aanlopen met hun dochtertje. Het kleine meisje is helemaal in het roze gekleed. Overal ter wereld houden kleine meisjes van roze. Ze lebbert met alle aandacht die een kleuter kan hebben aan haar druipende ijsje.

'Ze heet Brooke,' zegt de trotse mama.

Mooie Brooke heeft meer aandacht voor haar ijsje dan voor die vreemde, witte vrouw die een foto mag maken.

Bij het grote statige standbeeld van David Livingstone maken we met respect een foto van deze grote wereldreiziger, die zo veel jaren geleden vertrok om op expeditie te gaan door de binnenlanden van dit immense continent. Geen idee hebbende waar hij aan begon en geen idee hebbende waar het allemaal ooit zou eindigen.

David Livingstone werd in 1813 in Schotland geboren. Nadat hij zijn studie medicijnen succesvol had afgerond kwam hij als missionaris in dienst bij de London Missio-

nary Society. In 1841 was hij klaar met zijn opleidingen en ging hij op weg voor zijn eerste expeditie naar Afrika. Een expeditie die maar liefst vier jaar zou duren. Hij bevoer de Zambezi-rivier, doorkruiste het continent en ontdekte in 1855 de Victoria-watervallen. Deze ontdekking resulteerde in de tragische Zambezi-expeditie (1858-1864) waarbij heel veel mensen de dood vonden. Zijn reputatie was naar de knoppen, maar Livingstone zelf was veel meer van de kaart van de afgrijselijke handel in slaven die hij zag.

Eenmaal terug in Engeland bood hij zijn diensten aan aan The Royal Geographic Society om terug te gaan naar Afrika om op zoek te gaan naar de bron van de Nijl. Maar dan, op 54-jarige leeftijd verdween hij in de Afrikaanse binnenlanden. Waar was David gebleven?
De Amerikaanse krant The New York Herald stuurde de journalist Henry Morton Stanley op pad om de zoekgeraakte Livingstone op te sporen. In 1871 vond Stanley de verloren gewaande Livingstone en begroette hem met de inmiddels wereldberoemde zin:'Doctor Livingstone, I presume?'
Livingstone vertelde Stanley de gruwelijke details van de slavernij. Bij terugkomst publiceerde Stanley over deze wantoestanden. Het publiek sprak er schande van en dwong de Britse overheid om de slavernij af te schaffen. Dit bericht heeft Livingstone nooit bereikt. Hij bleef zoeken naar de bron van de Nijl.
Eenzaam en verbitterd stierf deze grote ontdekkingsreiziger in Zambia in april 1873. Zijn twee trouwe metgezellen Sussi en Chuma hebben zijn hart verwijderd en onder een Myongaboom begraven. Ze hebben zijn lichaam geprepareerd voor de terugtocht naar Engeland.

De mannen hebben hem persoonlijk begeleid op zijn laatste reis, zodat hij een waardige begrafenis kon krijgen.

'Hij was een groots man en moet daarom bij andere grote mannen begraven worden.'

Livingstone heeft zijn laatste rustplaats in de Explorers Corner in Westminster Abbey, maar zijn hart is voor altijd in Afrika.

In totaal heeft hij drie grote reizen gemaakt, die uiteindelijk het einde van de slavernij hebben ingeluid.

In Katutura/ Bij Penduka

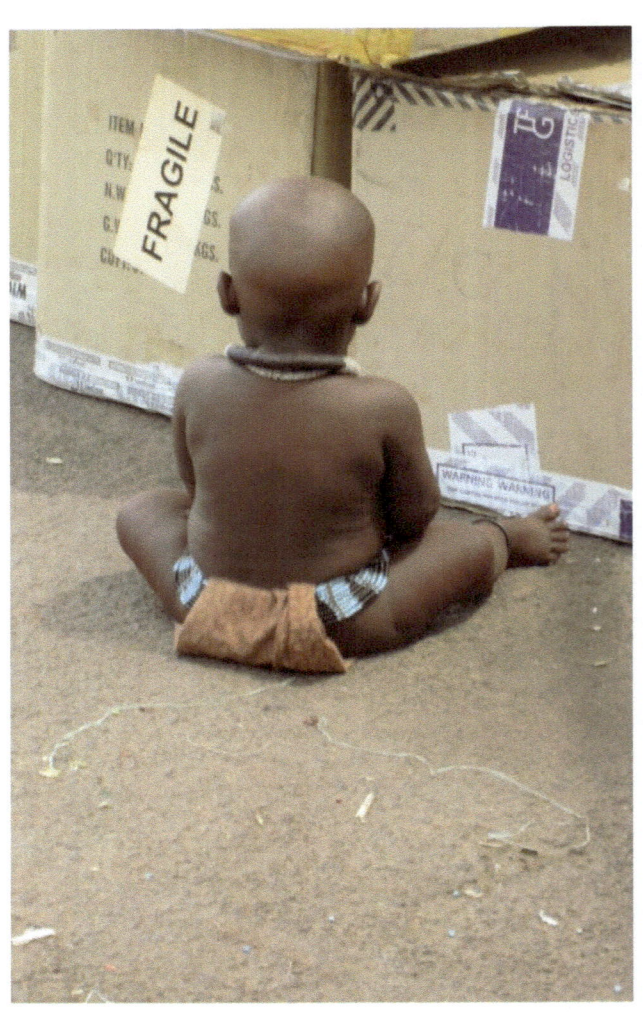

In Windhoek

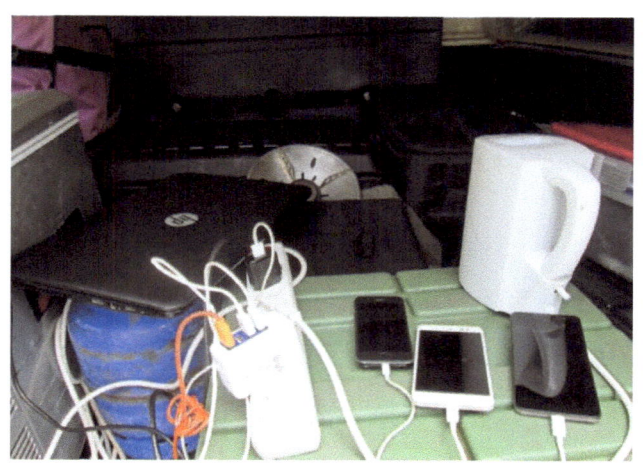

Reizen in de 21e eeuw / In Maun

De wilde honden van Botswana

Onderweg in Botswana

De Victoria-watervallen / De brug tussen Zim en Zam

Op weg naar Zambia / In Hwange

In Hwange / In Etosha

In Etosha

In Etosha

Personeel in de Spar-supermarkt in Opuwo

In Opuwo; Himba-vrouw en Herero-vrouwen

In Opuwo; Zemba-vrouwen

Op weg naar de Epupa-watervallen...

Onderweg / Solitaire

De brug tussen Zim en Zam

De brug die we vanaf een van de uitkijkposten bij de watervallen zo goed konden zien, is van levensbelang voor de mensen die hier wonen, werken en leven. Fietsen zo zwaar beladen dat je je werkelijk afvraagt hoe zo'n man er nog beweging in krijgt. De te zwaarbeladen fietsen worden door de mannen geduwd.

Natuurlijk heet deze brug de Victoria Falls Bridge. In het begin van de twintigste eeuw gebouwd staat deze brug er nog steeds fier en zeer imponerend bij. We lopen naar loket twee bij de douane en krijgen een papiertje met een stempel dat wij met twee personen de brug over mogen lopen en bij terugkomst moeten we dit weer inleveren. Niks ingewikkeld gedoe, geen paspoorten laten zien, geen ellenlange formulieren invullen. Wat een verademing. Dit is gewoon heel bijzonder voor Afrika.

De brug is maar liefst 250 meter lang en 128 meter hoog. Vrachtwagens rijden heel voorzichtig over de brug, niet allemaal tegelijk, er wordt goed toezicht op gehouden.

De bedenker van de brug, Cecil Rhodos, wilde graag dat de treinpassagiers de nevel van de watervallen konden voelen terwijl ze geriefelijk in de trein van het ene naar het andere land reisden. We lopen ontspannen over de brug, gluren zonder vrees tussen de brugleuningen en al het staal door naar het kolkende water van de Zambezirivier. Op ons gemakje lopen we Zimbabwe uit en Zambia binnen. Wat een indrukwekkend geheel en wat voel ik me weer een bevoorrecht mens om op zo'n bijzondere plek in de wereld te zijn.

Souvenirverkopers lopen met hun houten spullen in de hand de brug op en neer. Hun ogen spieden rond op zoek naar toeristen die toch echt nog wel iets kunnen kopen. Het waardeloze Zimbabwaanse geld, waar ik bedragen van 10.000.000 op zie staan, worden als souvenir aangeboden. Ík blijf het een bizar gegeven vinden, een land zonder geld. Een zo op het eerste oog goed functionerend land met een lege knip. De geldautomaten zien er allemaal gloednieuw uit.

We lopen terug naar Zimbabwe, leveren ons papiertje weer in en rijden terug naar de camping. Er komt een indrukwekkende grote vrachtwagen het terrein oprijden. Een taupekleurige wagen, waar een echtpaar uit Zwitserland uitstapt. De vrouw komt direct naar ons toelopen; ze heeft duidelijk behoefte aan een praatje. Altijd leuk.
'Wij zijn Gloria en Renato en komen uit het Italiaanse deel van Zwitserland. We reizen de laatste jaren elk jaar een half jaar door Afrika en wonen de andere helft in Zwitserland,' introduceert de slanke vrouw zichzelf en haar magere echtgenoot.
Haar Engels is prima. Haar man zegt geen woord.
'Tijdens deze reis rijden we de wagen terug naar Port Elisabeth in Zuid-Afrika waar de wagen verscheept zal worden naar Zuid-Amerika. Daar willen we onze volgende reizen gaan maken.'
In het achterste deel, de bijkeuken zullen we maar zeggen, zie ik tot mijn grote verbazing een wasmachine staan. Op het rek achter op de wagen staat onder een grijs kleed een motor,
'Wanneer je zo lang op reis bent moet je ook lakens wassen en ik wilde daarom graag een wasmachine,' zegt Gloria die mij ziet kijken.

'De motor nemen we waarschijnlijk niet mee naar Zuid-Amerika. We hebben hem hier maar een keer gebruikt. Het is namelijk een hele klus om de motor eraf te halen en weer schoon te maken. Ook al is ie goed afgedekt, Afrikaans stof kruipt werkelijk overal doorheen,' legt ze uit.

Ik kijk mijn ogen uit; wat een wagen. In tegenstelling tot ons wisten zij van het cashprobleem in dit land.

'Als jullie willen, loop maar mee, dan kunnen jullie deze camping voor ons met jullie creditcard betalen, dan krijgen jullie van ons het bedrag in Amerikaanse dollars terug,' stellen zij heel lief voor.

Wat super! Daar maken we graag gebruik van.

'Met dank aan de Bank van Zwitserland,' lacht Gloria.

*L*and zonder geld

Een groot voordeel van een camping in de stad is dat veel dingen op loopafstand zijn. Lopende toeristen, daar houden de souvenirverkopers erg van. Kleine, houten neushoorns worden voor een dollar aangeboden, heb je geen cash geld, dan heb je misschien wel iets om te ruilen. T-shirt? Schoenen? We moeten iedereen teleurstellen. De mensen reageren altijd vriendelijk op ons nee en wensen ons zelfs nog een fijne dag.

We lopen naar Café Lookout, waar we volgens onze Zwitserse buren kunnen genieten van heerlijke koffie en een spectaculair uitzicht op de Zambezi-rivier, de grote brug en de ruige kloof.

'Hebben jullie gereserveerd?' vraag de manager.

'We willen alleen wat drinken,' antwoordt Jan.

'Geen probleem, dat kan altijd. Lunchen kan alleen op afspraak.'

Een jonge vrouw met kunstig ingevlochten haar klapt een grote parasol open en even later worden er een paar cappuccino's gebracht.

Een stenen trap met grote ongelijke treden leidt ruim honderdvijftig meter naar beneden waar je een perfect uitzicht hebt op Zambia, op de brug en op de waaghalzen die in een razendsnel tempo via sterke lijnen door de kloof zweven. Een goede tip van de Zwitsers. Wat een weergaloos mooi uitzicht. De roestbruine kloof, het kolkende water, de weelderige groene begroeiing en wij met een peperdure cappuccino. Van sommige dingen moet een mens nu eenmaal in stijl genieten. Vergeleken met de omringende landen is het hier duur. Doordat we alles met de creditcard moeten betalen zijn we veroordeeld tot de winkels. Normaal had ik ook veel langs de kant van de weg gekocht, bij de fruitdames en de souvenirverkopers. De Zwitserse dollars willen we liever toch bewaren voor een eventueel noodgeval.

De man in de supermarkt die achter mij staat, heeft een brood in de hand en een biljet van vijf Zimbabwaanse dollar. De eerste keer dat ik iemand daadwerkelijke met papiergeld zie betalen.
'Mag ik daar een foto van maken?' vraag ik.
'Natuurlijk,' lacht de man.
Hij vindt het te leuk.
'Bedankt,' lach ik terug.
'God bless you,' antwoordt de man.
'Ik weet niet of ik wel wisselgeld voor u heb,' zegt het kassameisje tegen de man.
Ze doet de lade open, waar alleen een paar muntjes in liggen.
Gezegend loop ik met mijn boodschappen de winkel uit.

*H*et Hwange National Park

Vanaf de Victoria-watervallen is het ongeveer honderd-
veertig kilometer rijden naar het Hwange National Park,
waarschijnlijk het bekendste park van Zimbabwe. De
bewegwijzering is summier. Richting, zo vanaf de weg te
zien, een spiksplinternieuw vliegveld en gewoon rechtdoor blijven rijden. Mensen lopen in hun mooiste kleren
langs de kant van de weg. Het is zondag en op zondag
gaan de mensen naar de kerk.
Het is aangenaam rijden. Tot voor kort was het land voor
de reiziger een ramp. Overal roadblocks en politiecon-
troles zorgden ervoor dat men het land liever links liet
liggen. Het is een overdonderende groene wereld, waar
de asfaltweg als een dikke dropveter doorheen slingert.
De regens moeten hier gigantisch zijn geweest. Het gras
in de bermen staat wel een meter hoog. Af en toe poppen
struiken op waar de gele bloemen voor een frivole afwis-
seling zorgen tussen al dat uitbundige groen. De wegen,
soms een pothole om ons scherp te houden, zijn prima.
Parkeerplekken worden aangegeven als 'lay-by' dat ik
maar vertaal als rustplaats.
Regelmatig staan er wankele, houten kraampjes langs de
kant van de weg, waar stenen beelden op staan. Beelden
gemaakt van spek- of zeepsteen, waar dit land zo bekend
om is. Veel stalletjes zijn onbemand, af en toe zie ik wat
beweging.

Borden waarschuwen voor overstekende olifanten en
voor wilde honden, die ook wel geschilderde (painted
dog) honden worden genoemd. Het verkeer rijdt heel be-

hoorlijk en Jan houdt zich overal strak aan de maximum snelheid. Wanneer we bij een van de lay-bys stoppen worden we door bijna elke passerende auto- of vrachtwagenchauffeur vriendelijk toegezwaaid.

Dikke bavianen springen, spelen en rennen van de berm de weg op en weer terug. Gas terugnemen en rustig passeren. Ik moet er niet aan denken om een baviaan onder de auto te krijgen, hoe lelijk ik ze ook vind…

Het plaatsje Hwange ligt op ongeveer veertig kilometer afstand van het gelijknamige park. Het is een diepgelovig plaatsje, de ene kerk staat naast de andere kerk. Helder Afrikaans gezang zweeft naar buiten. Het klinkt fantastisch. De metalen kerktoren van een van de kerken trekt onze aandacht. Een groot kruis staat boven op de spits. Vrouwen en meisjes, allemaal gekleed in dezelfde paarse jurken, zingen en dansen de kerk binnen. Mannen in lange witte gewaden versierd met goudkleurig borduurwerk lopen erachteraan. Iedereen loopt naar binnen. Buiten staan op een afstandje heel wat mensen naar dit schouwspel te kijken; het is ook een prachtig gezicht.

'Dit is de katholieke kerk St. Ignatius en vandaag maken we kennis me de plaatsvervanger van de paus in Afrika. Loop maar naar binnen, maak maar foto's,' wordt ons uitgelegd en aangemoedigd.

Twee jongens zitten knus onder een paraplu de wereld om hen heen te bekijken. Ik loop de kerk binnen en maak filmpjes van het schitterende gezang. Het is genieten, de sfeer is prettig en het geloven is oprecht.

Hwange doet ons een beetje aan het Zuid-Afrikaanse stadje Stellenbosch denken met zijn wit geschilderde huizen die volgens mij nog uit de Britse koloniale tijd stammen.

Om het zekere voor het onzekere te nemen, laten we hier de tank vol gooien. Een goedlachse vrouw bedient de pomp. Haar nagels zijn gelakt in de kleuren van de Zimbabwaanse vlag. Natuurlijk mag ik een foto van haar nagels maken.

Na ongeveer zeventien kilometer belanden we bij de eerste controle van het Hwange-park. We vullen onze gegevens weer eens in en de vrouwelijke ranger doet de slagboom voor ons open.
'Ben je hier nu helemaal alleen?' vraag ik aan de vrouw.
'Nee, we werken met ons tweeën. We werken vijftien dagen achter elkaar en zijn dan een paar dagen vrij,' legt ze uit.
Dat moeten wel lange dagen zijn; ik zie hier geen toerist of bezoeker. Grote vrachtwagens rijden ons voorbij. De bodem wordt leeggeplunderd. Zwarte kolen worden hier gedolven. De weg is zwart, wat alles nog vuiler maakt. Grote fabrieksschoorstenen blazen grote wolken stoom uit. Enorme vlammen komen uit andere schoorstenen. Er wordt hier hard gewerkt. Wat bizar om een van Zimbabwe's grootste en bekendste parken zo binnen te komen. Is dit ook goed voor het land? Profiteert de bevolking ervan? Levert het banen op? Geen idee, maar het bezorgt ons wel een ongemakkelijk gevoel.

Ontspannen rijden we over de kuilen- en gatenweg. De olifantendrollen zijn weer talrijk en indrukwekkend groot. De omgeving is groener dan groen, witte wolken drijven voorbij aan de verder smetteloze blauwe hemel. De baobabbomen zijn hier slanke, ranke bomen en zitten volop in het blad. Geen oude, krasse knarren zoals we die veel in Namibië en Botswana hebben gezien. Nee, hier zijn het elegante, slanke dames.

Een kudde van wel dertig olifanten staat aan de linkerkant van de weg. Stoppen en kijken. Allemachtig, hier
hadden we helemaal nog niet op gerekend. Van andere
reizigers hadden we namelijk teleurstellende verhalen gehoord dat door het hoge gras er bedroevend weinig wild
te zien was. Nog voordat we ook maar één dollarcent
hebben betaald aan entree, worden we al getrakteerd op
deze indrukwekkende kudde olifanten. Net alsof olifanten
zich ook maar iets van grenzen aan zouden trekken. De
grootste olifanten staan stil, hun enorme flaporen gespitst.
Zij hadden ons uiteraard allang opgemerkt. Wat is dat
toch met olifanten? Zij vervelen nooit, fascineren iedereen, zijn de grootste landdieren die er zijn en toch zien ze
er zo knuffelbaar en vriendelijk uit.

We hebben meer dan een half uur nodig om bij het kantoor van de rangers te komen. Er staat een witte, roestige
benzinepomp waar al heel lang geen benzine meer uit is
getankt. We zijn achteraf blij dat we in Hwange de tank
goed hebben laten vullen. Hier is geen druppel benzine te
krijgen, dat is wel duidelijk. Het park oogt verwaarloosd.
Borden zijn, indien ze niet in stukken op de grond liggen,
slecht te lezen, maar zoals altijd is het ontvangst door het
personeel hartelijk.
'Ik hoop dat de machine werkt. Elektriciteit is een probleem,' zegt de man op een vriendelijke toon terwijl hij
tevergeefs probeert om mijn Visakaart te gebruiken.
Visa is de kaart om mee door Afrika te reizen. Daar zijn
we vele reizen geleden al achter gekomen.
Ondertussen heb ik alle tijd om het kantoortje rond te
kijken. In een hoek liggen gebleekte, witte schedels van
enkele dieren die in dit park hebben geleefd. Bij alle
schedels staat een klein bordje van welk dier het ooit is
geweest. De vorm en de grootte mogen dan verschillen,

maar zo zonder huid, vlees en haar zien alle schedels er hetzelfde uit. Gewoon een hele hoop botten bij elkaar.

'We komen nog wel weer terug,' zeggen we tegen de man, die het na diverse pogingen opgeeft.

Jan rijdt de camping van Sinamatela op, waar helemaal niemand staat. Alles is brandschoon maar er is meer kapot dan er heel is. Zo jammer. Zit je op zo'n mooie stek. Maar goed, wij staan prima naast een overdekte picknicktafel. Het uitzicht is weergaloos en in de verte scharrelen heel wat olifanten bij het water. Door de verrekijker halen we alles moeiteloos dichterbij.

In het toiletgebouw wil geen enkele deur meer op slot, zijn de plekken nog zichtbaar waar ooit een wasbak heeft gehangen en ziet alles er ronduit treurig uit. De toiletten nodigen niet echt uit om op te gaan zitten. Ook hier is alles wel weer keurig schoon.

'Ik ben Godfried, ik onderhoud deze camping,' komt een man in een blauwe overall zich voorstellen en gaat ongevraagd bij ons zitten.

'Er komen hier bijna geen toeristen meer. De laatste twee weken hebben we geen gasten meer gehad. Jullie zijn de eersten. Het is allemaal hopeloos. Soms duurt het maanden voordat we ons salaris krijgen,' gaat Godfried op een gelaten toon verder.

'Is er veel accommodatie in het park?' vraag ik.

'Jazeker. We hebben hier zelfs hele luxe die achthonderd dollar per nacht kost,' antwoordt de man.

Wat een geld. Wat een contrast met deze man die niet veel anders kan doen dan ervoor te zorgen dat hier alles schoon is. Geld voor onderhoud is er blijkbaar niet. Het is overduidelijk dat Godfried het dolgraag allemaal anders zou zien. Zijn handen jeuken om aan het werk te gaan. Terwijl hij zijn beklag doet, zit ik me de hele tijd af te vragen hoe een man in Zimbabwe toch aan de roepnaam Godfried komt.

'De stroom doet het weer,' zegt de ranger wanneer we ons voor een tweede keer melden om te kunnen betalen.
De kaart doet zijn werk en de betaling is nu vlot geregeld.
Er is een winkeltje en een restaurant; we lopen het winkeltje binnen waar ook een Wi-Fi hotspot moet zijn.
'Geen elektriciteit,' zegt de jonge vrouw die half over de toonbank hangt.
In de koelkast, die niet koelt, staan drankjes. In de winkel wat toiletartikelen en verder is er weinig te koop.
'Is het restaurant wel open?' vraag ik tegen beter weten in.
'Geen elektriciteit, dus kunnen we ook niet koken,' reageert ze lethargisch.
Jan koopt een blikje cola. En nee, wisselgeld heeft ze ook niet. Gelukkig hebben we nog onze Zwitserse dollars. Ik beschouw dit als een noodgeval en pak een dollar uit mijn portemonnee. Wat een trieste bedoening. Ik heb medelijden met het arme kind, waarschijnlijk heeft ze de hele dag hier gestaan om nu dan eindelijk een blikje cola te verkopen.

'Kunnen we deze route ook rijden?' vraag Jan aan de ranger en wijst een route aan op de kaart.
'Je zult vast te komen zitten,' antwoordt de man.
Als er iets is dat ik echt niet wil dat is vast te komen zitten in een park vol met wilde dieren. Gelukkig blijven er genoeg andere routes over. De regen heeft ook op de begaanbare wegen zijn tol geëist. Diepe plassen zorgen ervoor dat we regelmatig het water hoog tegen de auto horen kletteren. Het is zaak om langzaam te rijden, het beste is vaak door het midden van de plas, de auto zoekt als het

ware zelf zijn weg, dan gas geven op het moment dat de weg weer te zien is. Ook is het altijd verstandig om de sporen van de weggebruikers voor ons goed te 'lezen' en deze te volgen. De auto zwemt zonder een zuchtje door het water. Ik ga het ook eens proberen. Meestal rijdt Jan, hij doet het graag en ik zit er graag naast.

'Toch moet jij de wagen ook leren kennen,' zegt Jan. 'Je moet op zijn minst de auto ergens naartoe kunnen rijden.'

Het is pure gemakzucht van mij, maar ik vind dat Jan helemaal gelijk heeft. Ook vind ik dat je als vrouw je eigen auto moet kunnen besturen. Ik ga achter het stuur zitten. Ik krijg er plezier in, vertrouw op de auto, vertrouw op mezelf en neem de ene plas na de andere, totdat we weer een grote kudde olifanten zien. Een goedgemutste kudde olifanten kan heel snel van gedachten veranderen, kan zomaar ineens een andere route kiezen of de leider van de groep vindt dat je toch te dichtbij komt. Jan en ik ruilen weer van plaats. De olifanten hebben totaal geen belangstelling voor ons. Aan de andere kant van de weg zien we enkele zebra's en giraffes bewegen in het groen. De hoge begroeiing zorgt er inderdaad voor dat het wild lastig te spotten is.

'Wat zijn dat voor pootafdrukken?' vraagt Jan zich hardop af. 'Die konden wel van wilde honden zijn.'

Honderden pootafdrukken staan duidelijk in de zwarte moddergrond van de weg afgedrukt. Geen idee. Het ziet er ronduit imponerend uit. In deze grote, stoere auto voelen we ons helemaal veilig en door dezelfde plassen en kuilen hotsenbotsen we weer terug naar de camping waar we nog steeds de enige kampeerders zijn.

'Kan het zijn dat ik de afdrukken van een roedel wilde honden heb gezien?' vraagt Jan aan de ranger.

'Nee, het zijn leeuwen. Ik heb net bericht gehad dat er hier in de buurt een troep van vijftien leeuwen rondloopt,' zegt de man op opgewekte toon.

Nog mooier denken we. Onze camping is een open camping en er staan wat huisjes voor de verhuur. Enkele huisjes worden nu bewoond door het personeel. Er is geen omheining of afrastering. Iedereen is hier vrij om te komen en te gaan. Dat geldt voor ons, maar dat geldt ook voor de vijftien leeuwen.

Jan maakt de tent klaar, ik ga koken. Ik maak een omelet gevuld met kleine stukjes paprika en stukjes vlees. Een broodje erbij en we genieten, met onze kont op de picknicktafel en de voeten op de bank, van de lekkere omelet en het eindeloze landschap waar nog steeds een paar olifanten rondom het water kuieren.

De ranger komt eraan lopen: 'De leeuwen zijn niet zo heel ver van dit kamp op de weg gesignaleerd.'

Wat attent om dit even te melden, we ruimen alles snel op, klappen de tent weer in en rijden naar de weg. Hoe we ook kijken, hoe we ook turen, geen leeuw te zien. Vind ik dit nu jammer of niet? Ik kom er niet uit. Natuurlijk wil ik niets liever dan een grote troep leeuwen op de weg zien. Maar aangezien we dus op die open camping staan…

Inmiddels werken de kranen ook niet meer, er komt geen druppeltje water meer uit. De toiletten spoelen nog een keer door maar de bakken stromen niet meer vol. We kunnen alle toiletten dus een keer gebruiken… Gelukkig hebben we vier toiletten tot onze beschikking en hebben we altijd een paar grote flessen water bij ons. Wij redden ons wel. De dag maakt plaats voor de nacht en Afrika's onweerstaanbare sterrenhemel komt tevoorschijn.

Is overdag het blauw blauwer dan blauw, zijn de wolken witter dan wit, de sterren stralen hier, niet gehinderd door welke vervuiling dan ook, uitbundiger dan in Nederland aan de donkere hemel en zorgen zo toch voor een vage verlichting in dit donkere deel van de wereld.

Ondanks dat we hier alleen zijn, het personeel veilig in de huizen zit en zich niet laat zien, er een troep van vijftien leeuwen rondsluipt, we op een camping zonder afrastering staan, voelen we ons toch helemaal veilig en senang in ons daktentje boven op de auto.

We slapen schaamteloos de klok bijna rond!

*P*echvogels

Ik krijg plezier in het autorijden. De auto is een brok power en rustig rijd ik over de gravelweg vol met gaten en diepe plassen naar de verharde weg. Ook nu is twee keer dezelfde weg rijden geen straf. Er is altijd wat te zien. Wat beweegt daar? Is dat een olifant? Nee, toch een koedoe. En daar, wat ritselt daar?

Terugkomen in het plaatsje Victoria Falls voelt een beetje als thuiskomen. Nu kiezen we voor de camping bij het N1-hotel. Achter het hotel mogen we op het gras kamperen. We zijn weer de enige kampeerders. Onmiddellijk doe ik mijn sandalen uit. Heerlijk op blote voeten lopen, een van de kleine geneugten van het leven. Nooit eerder stonden we op een camping met zoveel luxe. Het sanitair is om door een ringetje te halen; het zou in een westers huis niet misstaan. Ook hier is alles weer brandschoon en hier kun je zelfs op je blote voeten naar het toilet. Er is een zwembad met een grote overdekte ruimte waar twee televisies aan de muur hangen en Wi-Fi knalt door de lucht, zelfs op de camping. Het verschil met waar we vandaan komen kon niet groter zijn. Een heerlijke plek om even een paar dagen te relaxen, lekker te schrijven, te zwemmen en souvenirs te kopen.
Wanneer we de camping aflopen belanden we in allerlei winkeltjes, grondwinkeltjes noem ik ze. Op een stuk plastic ligt van alles uitgestald.
'Kom, kom kijken in mijn shop,' om vervolgens te wijzen naar alle spullen die op de grond liggen.

We hebben nog steeds geen cashgeld, de dollars zijn alleen beschikbaar voor een je-weet-maar-nooit-noodgeval. 'Kunnen we ook bij verschillende mensen iets uitzoeken en dan in een keer met de creditcard betalen en dat jullie dit dan onderling weer met elkaar verdelen?' vraag ik aan een van de mannen.

Wij kopen veel liever hier een paar leuke souvenirs dan in de dure aircowinkels. Hier valt ook nog te onderhandelen.

'No problem. Dat kan wel met mijn telefoon,' zegt de man helemaal blij.

De meeste mensen hebben hier een telefoon waar ook een bankpasje in past. Geen idee hoe het werkt, maar we zien de mensen er ook in de supermarkt mee betalen. Jan zoekt een te groot masker uit dat net in de tas zal passen. Ik koop een oranje kleed met Afrikaanse figuren en twee houten bakjes. Zo gunnen we een paar mensen iets. Bij iedereen wat kopen is niet te doen. Na veel onderhandelen, de poot stijf houden, een beetje water bij de wijn doen, nog eens weer praten en dan komen we samen uit op een bedrag van dertig dollar.

'De stroom is eraf,' zegt de man.

Nou, vooruit dan maar. Ik pak twintig dollar uit mijn portemonnee, ik heb nog een briefje van tien euro en de man geeft mij twee dollar als wisselgeld terug. Nooit eerder heb ik op zo'n rare manier betaald. Een land zonder geld, waar toch geld in omloop is, en met Afrikaanse creativiteit is er altijd een oplossing. Met de handen vol lopen we zeer tevreden terug naar de camping.

Er komt een bijzonder vuile 4x4 het terrein oprijden waar een jong stel uitstapt. Niet veel later maken we kennis met de Duitse Jessica en Fabian die direct naar ons toe komen lopen. Ze maken van hun hart geen moordkuil en zijn duidelijk blij om hun verhaal te kunnen vertellen. Hun reis kenmerkt zich door pech op pech.

'We zijn net terug van een lange busreis naar Gabarone, de hoofdstad. Ik heb mijn paspoort verloren,' zegt Fabian.

'In Chobe hebben we zo ongelofelijk vastgezeten in de blubber. De 4x4 deed het helemaal niet. Volgens de monteur, die onze wagen heeft gerepareerd hadden ze ons nooit met deze wagen op pad mogen sturen. Alles is uiteindelijk gemaakt voor zeshonderd dollar en hopelijk krijgen we dat weer terug. We hebben gelukkig wel een allriskverzekering,' vertelt Jessica.

Ik kijk stiekem naar hun auto en naar het logo van het verhuurbedrijf. Ik ken het bedrijf niet.

'Gelukkig waren we samen met een Nederlands stel. Hun auto deed het prima en zij hebben ons naar de rangers gebracht. Met grote geweren, we waren natuurlijk in Chobe, en in een grote auto zijn we samen met deze mannen naar onze auto in de blubber gereden. Zeer sympathieke en behulpzame mensen die keihard hebben gewerkt om onze wagen weer los te krijgen, wat nog een hele klus was. En nee, daar wilden ze niet voor betaald worden. Dit soort klussen behoorde bij hun taakomschrijving. We hebben ze later een tas met levensmiddelen gebracht, dat werd zeer gewaardeerd,' vervolgt Jessica haar verhaal.

'Toen we met de hulptroepen bij de auto kwamen, was deze al twintig centimeter verder in de blubber gezakt,' gaat Fabian verder. 'Ja, en toen was ik mijn paspoort kwijt. Die had ik in mijn broekzak zitten en Jessica zei nog, zou je die niet even wegstoppen...,' lacht Fabian.

'Gebeld met de Duitse ambassade en ja hoor, we konden komen. Maar om die lange rit van twaalfhonderd kilometer heen en dus ook weer terug nu met de auto te doen, daar hadden we dus geen zin in. Alleen de benzine al.

We hebben voor de nachtbus gekozen. Ik had een afspraak gemaakt op de ambassade, een paar uurtjes wachten, zij gaan dan allerlei dingen in Duitsland controleren, en nu heb ik dus een spiksplinternieuw paspoort,' besluit Fabian zijn verhaal.

'Een nijlpaard in Chobe is nu waarschijnlijk erg gelukkig met een Duits paspoort,' grap ik.

'Ja, dat zeiden ze ook al op de ambassade. Binnenkort staat er nijlpaard met een Duits paspoort aan de grens met Duitsland,' zegt Fabian.

De verhalen vol pech worden op een laconieke manier verteld. Het is zoals het is. Al met al heeft het hun drie dagen gekost en moeten zij nu ook hun reisplannen aanpassen.

'Mijn camera heeft ook de geest gegeven,' gaat Jessica verder. 'Ik heb 45 foto's gemaakt en nu doet ie helemaal niks meer.'

Allemachtig, hoeveel pech kan een mens hebben. Blijkbaar toch nog meer.

'Mijn creditcard is aan zijn limiet. Maar daar is mijn moeder in Duitsland mee bezig. Dat moet morgen opgelost zijn,' vertelt ze opmerkelijk relaxed. 'We hebben vorig jaar een reis van drie weken door Namibië gemaakt. Geen enkel probleem gehad en nu rollen we van het een in het andere.'

'Misschien kan ik je fotoprobleem wel oplossen. Waarschijnlijk zit er ergens een bugje tussen de foto's. Wij hebben een laptop bij ons, dan kan ik het kaartje misschien wel formatteren,' stelt Jan voor.

Wij hebben geen van drieën een flauw idee wat Jan bedoelt, maar de pechvogels gaan graag op zijn voorstel in. Jan prutst met het kaartje, foto's eraf, foto's er weer op en warempel het werkt. Vol ongeloof maakt Jessica de ene na de andere foto. Petje af voor deze twee Duitsers. We zijn blij dat we ze een beetje hebben kunnen helpen. Nu lekker bijkomen op deze heerlijke camping en natuurlijk de watervallen bewonderen.

*D*rie landen in een dag

Natuurlijk verdient Zimbabwe meer aandacht van ons. Natuurlijk heeft dit grote land ons nog veel meer te bieden. Maar reizen zonder cashgeld kan wel, maar is niet altijd even handig. Ook zijn er in Namibië nog een aantal dingen die we graag willen (her)ontdekken. Zimbabwe smaakt echt naar meer; het land is ons uitstekend bevallen. Zoals altijd zijn het toch weer de mensen die het land kleuren en de mensen van Zimbabwe zijn vriendelijk en behulpzaam. Toch besluiten we om weer verder te reizen en Jan rijdt de auto richting de grens met Botswana, een afstand van ongeveer tachtig kilometer naar de Kazungula Road Border Post. Opnieuw de formaliteiten; altijd een gehannes met alle papieren en de verschillende loketten die allemaal net dat papiertje willen zien dat onderop ligt of dat ik net niet zo snel bij de hand heb. Het is rustig, de mensen vriendelijk en geduldig.
'Ik herken u. U heeft ons Zimbabwe binnengelaten,' lach ik naar de man.
'Klopt,' zegt de man.
'Felix,' schiet Jan ineens te binnen en dat brengt een grote lach op het gezicht van de man en hij steekt zijn hand uit voor een vriendschappelijke begroeting.
Snuffelende wrattenzwijnen doen niet aan grenscontroles en drentelen van Botswana naar Zimbabwe en weer terug. Vrachtwagens wachten geduldig op hun beurt, wij kunnen overal zo doorrijden. De oppermachtige baobabbomen staan als grote wachters bij de grens. Het zijn dit keer de krasse, knorrige, oudere heren die alles al een keer hebben gezien en hebben meegemaakt en zich ner-

gens meer over verbazen of opwinden. Zij domineren het landschap en ik blijf ze eindeloos mooi vinden. De boom die God ondersteboven plantte omdat zijn wortels mooier waren dan zijn stam met de takken.

We gaan door naar Botswana waar alle formaliteiten snel gaan. Ik betaal de verplichte wegenbelasting; 65 pula of tien dollar. Wat een heerlijk gevoel om weer geld te kunnen pinnen. Zonder problemen krijg ik mijn vijfhonderd pula. Bij de grote Shopritewinkel slaan we royaal boodschappen in en rijden Kasane in op zoek naar The Old House. Een gezellige B&B waar we weer veel herkennen. Ik blijf het een merkwaardig iets vinden hoe sommige dingen in mijn geheugen gegrift staan en andere dingen compleet weg zijn.

De weg naar Namibië loopt voor een klein deel door het Chobe-park. De auto wordt geregistreerd en wij kunnen verder; Afrika houdt erg van registeren en noteren. Het liefst in grote boeken met hele smalle regels waar ik altijd moeite mee heb om alles tussen de lijntjes te proppen. Jan wijdt het aan mijn handschrift, ik weet zeker dat het aan de smalle lijntjes ligt. Giraffes kuieren op hun dooie gemakje naar de overkant.

Nog 56 kilometer en dan zijn we bij de Ngoma Gate, de grensovergang met Namibië. Alle papieren worden weer gecontroleerd, paspoorten gekopieerd en dan rijden we voor de laatste keer Botswana uit en Namibië weer in. Er zit precies een kilometer niemandsland tussen deze twee buurlanden. Waar de meeste landen altijd zenuwachtig zijn wat landsgrenzen betreft, doen ze hier niet moeilijk Er staan zelfs twee picknicktafels in de bekende Namibische blauwwitte kleuren, aan de kant van de weg.

'Kijk, een olifant,' wijs ik naar Botswana.

Bij binnenkomst werden we weken geleden bijna direct getrakteerd op olifanten en een dikke bekeuring, dat laatste heb ik trouwens onmiddellijk verdrongen, nu worden we weer uitgezwaaid door olifanten.

'Een hele kudde. Ik tel er wel tien,' roept Jan.

Wat een geweldige manier om een land te verlaten. Kop koffie erbij en de natuurfilm van National Geographic trekt gratis aan ons voorbij. We bevinden ons in niemandsland waar de lokale bevolking ongehinderd van het ene naar het andere land gaat. Er komen twee mannen aanlopen.

'We zitten vast met onze wagens. We werken in de nabij gelegen lodge maar je kunt er niet komen. Onze landcruisers zitten muurvast,' vertelt de ene man.

'Dus we hoeven het helemaal niet met onze Hilux te proberen?' zegt Jan.

'Nee, geen schijn van kans. Wij gaan nu met de boot naar de lodge, dat moet lukken,' reageert de man en ze lopen door.

Het is ongekend hoeveel water hier is gevallen. De ene keer verdrogen de mensen bijna en de andere keer verdrinken ze bijna.

Namibië binnenkomen gaat snel en kost geen geld. Ook wel eens verfrissend. Niet dat het nu allemaal zulke grote bedragen zijn, maar alles bij elkaar optellend hebben we toch wel een paar honderd euro betaald voor visums en wegenbelastingen.

Zo gauw we Namibië binnenrijden, bevinden we ons op de Caprivistrip. Dat eigenwijze stukje Namibië dat als een Hansje Brinker in de dijk zijn dikke vinger in buurland Botswana heeft gestoken. We zijn hier vaker geweest en vinden het een van Namibisch meest Afrikaanse gebieden. De woongemeenschappen staan bijna tot aan de rand van de weg en de rietgedekte daken steken hun punten boven het uitbundige groen uit.

Veel lopende mensen langs de kant van de weg. We treffen het, de scholen zijn uit en honderden kinderen lopen al spelend, elkaar duwend en plagend naar huis. Ik rijd supervoorzichtig en gebruik zelfs regelmatig de claxon. Ik ben als de dood dat de kinderen, die helemaal geen rekening houden met het overige verkeer, zomaar ineens de weg opstuiven. De dorpjes zien er zo op het eerste gezicht keurig uit. Weinig tot geen afval, alles ligt er opgeruimd bij.

Ongeveer twintig kilometer voor Katima Mulilo zien we een bruin bord dat verwijst naar de Caprivi Mutoya Lodge, op ongeveer dertien kilometer afstand van de verharde weg. Ik rijd de wagen het mulle zand in. Wegwerkers zijn bezig met het aanleggen van een verharde weg.

'Daar zijn ze al jaren mee bezig en het zal nog wel even duren voordat de weg klaar is,' verzucht de slanke, blonde vrouw die ons niet veel later van harte welkom heet.

Wat een geweldige locatie. Tegelijk met ons arriveert nog een Nederlands stel uit Brabant. De eerste Nederlanders die we ontmoeten en die net zoals wij rondreizen.

'Wij blijven hier twee nachten; we hebben zo'n huisje geboekt,' zegt de man.

Wij gaan kamperen. De hele tuin met tien royale plekken staat tot onze beschikking. Een keurig schoon toiletgebouw en heerlijk groen gras dat weldadig aanvoelt onder mijn blote voeten. De vrouw beheert samen met haar ouders deze lodge en camping, die door haar ouders is gekocht.

'Ik weet alleen niet hoe lang ik hier nog kan blijven. Mijn zoontje Thomas moet binnenkort naar school,' wijst ze naar een blond kereltje dat op zijn blauwe, plastic trekker lekker aan het rondrijden is.

'Waar ga je dan heen? Naar Windhoek?' vraag ik.

'Geen idee. Ikzelf heb een Zimbabwaans paspoort, zijn vader, een Italiaan, komt uit Tanzania en mijn vader komt uit Zuid-Afrika. Thomas is in Italië geboren en heeft ook een Italiaans paspoort. Dus mogelijkheden genoeg,' antwoordt ze. 'Misschien gaan mijn ouders wel met me mee en huren we een manager in.'

Mensen veranderen hier vaak van baan. Werken en verhuizen het hele land door. Vooral als er kinderen in het spel zijn, zal op een gegeven moment hun school en opleiding hun wereld bepalen. Dat was ons al vaker opgevallen, mensen verkassen hier makkelijk. Zelden zien we dezelfde mensen nog als we na een paar jaar weer op dezelfde plek komen.

Wat is dit een magische wonderschone plek aan de Zambezi-rivier, waar de zon sprookjesachtig ondergaat, waar de laatste zonnestralen voor goudgele tinten zorgen en waar de Afrikaanse sterren en melkwegen adembenemend zijn.

Gezegend met water

Wat is de Caprivistrip toch een schitterend deel van Namibië. Wanneer je in Windhoek bent heb je soms het gevoel in een westerse stad te zijn en lijkt deze Afrikaanse wereld ver weg. Reizend over deze rare landtong ben je je er constant van bewust in Afrika te zijn. De eindeloze weg die ons van het ene dorpje naar het andere brengt. Kleine, bescheiden woongemeenschappen, altijd afgeschermd met een kraag van riet. Meestal domineert een grote boom het terrein, waar vaak een paar plastic stoelen onder staan, waarop dan weer de oudere mensen zitten. Mensen scharrelen om de hutten heen en bijna alles ziet er opmerkelijk schoon uit. Het toilet staat altijd wat verwijderd van de hutten. De meeste hutten hebben een rieten dak, sommige hutjes zijn wat opgeleukt met geometrische figuren. Witte wolken drijven voorbij, de auto knort als een tevreden nijlpaardje, Hans Theessink zingt de blues, wij genieten met een hele grote hoofdletter en rijden Katima Mulilo binnen. Een stad waar alles te koop is. Ik pin vlot tweeduizend dollar en we lopen de Spar-winkel binnen. Op de een of andere manier vinden we het erg leuk om in het buitenland de dagelijkse boodschappen te doen. Bekende producten, vreemde dingen en wonderlijke artikelen die wij niet snel in een supermarkt verwachten zoals tuinstoelen of gereedschap. Vaak zit er een bakkerij en een slagerij in. En personeel, overal loopt erg veel personeel rond.

Patatten zijn al gebakken, liggen wat bleekjes en slapjes in metalen bakken en kunnen zo kant en klaar gekocht worden. Even opwarmen of toch maar koud opeten?

Veel bulkverpakkingen, emaillen potten en pannen. Wat ik zelf weer erg leuk vind is dat op Pampers een vrolijk lachende, donkere baby staat afgebeeld en haarproducten voor de vrouw hebben een knappe, zwarte vrouw op de verpakking staan. Ik maak er snel een paar foto's van. Fruit wordt voor je afgewogen, boodschappen worden vaak voor je ingepakt en de beveiligingsman bij de uitgang controleert je kassabon en kijkt met een half oog in je boodschappentas. Mandjes en de boodschappenwagentjes worden leeg gepakt en blijven staan waar ze staan. Dat er toevallig nog een andere klant achter jou staat, daar kun jij toch niets aan doen? Overal staan verspreid door de winkel karretjes en mandjes.

We rijden langs kleine dorpjes die namen dragen als: Mumbones Village, United Village of Musao Village. Een indrukwekkende naam kost natuurlijk niets, denk ik. Bij sommige huisjes liggen keurige stapeltjes brandhout. Zo gauw iemand interesse toont, komt er haastig iemand aanlopen. Mensen bezitten vaak wel het huisje waar ze wonen en de grond waar het huisje op staat en hebben meestal ook wel een lapje grond waar het een en ander op verbouwd wordt. Maar een paar dollar bijverdienen past natuurlijk iedereen.

Vandaag is het duidelijk 'slachtdag'. Grote repen -ik denk niet gehinderd door enige kennis dat het koei-envlees is- hangen als slingers aan de bomen of liggen op bijzonder wankele tafeltjes. De ene openluchtslagerij na de andere verschijnt aan de kant van de weg. Het ziet er in mijn ogen niet erg aantrekkelijk uit. Ik maak me trouwens geen enkele illusie waar het vlees vandaan komt dat wij soms op ons bord krijgen. Maar een keurig verpakt stukje vlees in een plastic bakje in de supermarkt oogt toch net even wat anders dan deze brokken en repen vlees. Een mens kan soms toch te veel weten.

Na ruim een uur rijden zien we de afslag naar de Namushasha Lodge. Zullen we deze nemen? Ja, we gaan hier naartoe. Deze Strip verdient meer aandacht en hoewel we eerst van plan waren om naar Rundu te rijden, besluiten we toch om nog een stop te maken. Altijd ben ik weer onder de indruk van wat er allemaal zo verstopt in de bush aanwezig is. Wanneer je van de grote verharde weg afrijdt, denk ik iedere keer, mm, zitten we wel goed? Behalve een paar bordjes die verwijzen naar de lodge, is er verder geen enkel teken van leven. Gewoon de bordjes blijven volgen en dan komen we als vanzelf bij de de mooie Namushasha River Lodge aan de Kwando-rivier, waar volgens ons ook een camping moet zijn. Deze lodge is een onderdeel van het Gondwana-bedrijf dat meerdere lodges beheert en is weer zo'n mooie plek waar alles op zijn plaats valt.

Jan spot direct al een paar vogels die straks nog even op de foto moeten. Bordjes waarschuwen voor krokodillen, olifanten en nijlpaarden. Behalve het non-stop geknor van de onzichtbare nijlpaarden is het een bonte kakofonie van krekels, kikkers, cicaden en ander klein gewrummel en kriebelspul dat zich goed laat horen, maar zich niet laat zien. Dieren die ik ook niet echt hoef te zien.

'Natuurlijk hebben we een campingplaats,' zegt de vrouw achter de balie met een hartelijke lach.
'Wat betekent Namushasha toch? ' vraag ik en doe mijn best om de naam uit te spreken.
'Het betekent 'gezegend met water' in de lokale taal,' legt ze uit.

Nou, dan zijn ze hier de laatste tijd goed gezegend, zoals we hebben kunnen zien. De Kwando-rivier zit goed vol met water en als ik de huisnijlpaarden zo hoor knorren en kneuren is het daar in het water heerlijk toeven.

Deze lodge is ook weer groot en mooi, met een grote eetzaal en een terras met royaal uitzicht op de Kwando-rivier, een van de vier rivieren in dit Vierrivierendistrict. De andere rivieren zijn: de Okavango, de Zambezi en de Chobe-rivier.

'Ik heb campingplek nummer twee voor jullie,' gaat de vrouw verder.

Nummer twee is een topplek met een eigen gebouwtje met toilet en douche en aan de buitenkant een aanrecht en heerlijk groen gras. Veel schaduw en nog meer ruimte. Alles is weer snel geïnstalleerd en Jan gaat pannenkoeken bakken. Ondanks de warmte smullen we ervan. We houden er een paar over; die gaan in onze uitstekend werkende koelkast die achter in de auto staat. Wat een luxe om hier over te kunnen beschikken. We kunnen dingen op voorraad houden en hoeven maar zelden iets weg te gooien. Voedsel weggooien in Afrika is iets dat we niet graag doen.

Het is jammer om de laatste zonnige uren van de dag niet te gebruiken en we rijden nog even verder de Strip op. Wat een wereld. Afrika, zoals wij het toch altijd graag willen zien. De mooie hutjes, de lopende mensen, de opgepoetste kleuren van de natuur. Het lijkt of alles een sopje heeft gehad en fris en fruitig uit de machine is gekomen. De witte wolken prikkelen onze fantasie en we zien van alles voorbij drijven in de lucht. Ik kan er uren naar kijken en het genieten gaat op de camping gewoon door: de wolken, de laatste zonnestralen, het gebabbel van de andere gasten en het personeel dat bijna geruisloos zijn werk doet.

Het reizen met deze warmte is vermoeiend, de dagen gaan snel, de nachten zijn lang. Lange nachten die we nodig hebben, zodat we moeiteloos bij de eerste zonnestralen uit bed kunnen komen. Wanneer de zon verdwenen is, wordt het snel donker. De verlichting is vaak minimaal. Hoewel, deze keer hebben we in ons eigen toilethuisje voldoende licht, we hebben zelfs een buitenlamp. Ik dwing mezelf om aantekeningen te maken, de warmte maakt me loom en lui.

*D*e Caprivistrip

De Strip verdient meer bezoekers. Het is het echte Afrika, het Namibië waar Afrika in elke porie zit. In 2013 heeft de Namibische regering de naam van de Caprivistrook veranderd in Zambezi Region. De naam Caprivi, genoemd naar rijkskanselier Leo von Caprivi, deed te veel aan de Duitse koloniale overheersing denken; de tijd was rijp voor een andere naam. Maar zoals dat dan altijd gaat, men kan een naam wel officieel veranderen, maar dat wil natuurlijk niet zeggen dat de mensen dat ook doen. Ook wij hebben het altijd over de Caprivi.

Twee keer waren we hier eerder. De allereerste keer in 2003 toen we een rondreis van weken maakten, gestart en geëindigd in Johannesburg. De Strip werd toen als onrustig bestempeld; er was wat gedoe met buurland Angola. Ook nu worden we regelmatig aangehouden door de politie.

'Mag ik uw rijbewijs zien?' vraagt de politieman strak in het uniform met een brede lach.

'Aha, dat is van een ver land,' zegt hij en bekijkt Jan zijn rijbewijs zorgvuldig.

Ons kenteken wordt genoteerd. Ook willen ze graag weten waar we vandaan komen en waar we nu naartoe gaan. Gegevens waarvan ik me altijd afvraag wat ze er mee doen. Gaan ze het controleren, gaan ze bellen naar de camping of we daar daadwerkelijk hebben gestaan? Weer zoiets waar je als reiziger nooit achter komt. Maar goed, iedereen mag weten dat we naar Rundu gaan.

'Ik heb werkelijk geen idee waar Nederland ligt,' zegt de man met een hartverwarmende eerlijkheid en geeft Jan zijn rijbewijs terug.

Borden waarschuwen voor overstekende olifanten, maar de dikhuiden hebben vandaag waarschijnlijk andere plannen en laten zich niet zien. Het hoge gras bemoeilijkt het speuren. Uit ervaring weten we ook dat een olifant erg dichtbij kan staan en dat je 'm toch niet ziet.

De lemen en rieten huisjes maken plaats voor huisjes van glimmende golfplaten, rechthoekige doosjes van blik met een deur, dat is alles. De kroegjes, *shebeens* geheten, zijn vaak opgeschilderd in frisse kleuren. Winkeltjes met namen als *supermart* staan leeg en dan de mensen. Geen idee waarom, maar bijna iedereen die hier vandaag loopt, jong of oud, zeult met een grote koffer, draagt een plastic teil of heeft gewoon erg veel bagage bij zich. Honderden mensen met rolkoffers, tassen en plastic bakken vol met spullen.

Van een andere Afrika-liefhebber hebben we de tip gekregen om naar Camp Kwando te gaan. Er is hier erg veel accommodatie, ook veel lodges met campings. De meeste liggen een behoorlijk eind van de doorgaande weg af. Een ander bord trekt net wat eerder onze aandacht, N'Kwazi Lodge, dat ziet er ook wel weer leuk uit. Nou ja, waar we het eerst langskomen daar gaan we kijken. Nog een slordige twaalf kilometer over dirtroad en we rijden de ingang in van de lodge. In een oogopslag is alweer te zien dat dit ook een supermooie plek is.

Ondertussen hebben we de Kwando-rivier ingeruild voor de Okavango-rivier. Vanaf het terras zie ik de kinderen in Angola spelen. Vrouwen wassen zichzelf en hun kleding in de rivier. Vanuit Namibië kijken we naar Angola, een heel ander land, een heel andere cultuur, een andere taal, andere gewoontes en gebruiken. Zouden zij nu ook regelmatig naar hun buren in Namibië kijken, waar elke dag andere toeristen naar hun wereld zitten te kijken?

De Okavango doet niet onder voor de Kwando. Ook hier doet de zon weer hele leuke dingen met de wolken. Ik maak weer te veel foto's.

Het complex is een familiebedrijf hoor ik van de zoon die met een zwaar Zuid-Afrikaans accent praat. Zijn ouders zijn ook weer van die grote, te dikke mensen die ook beiden weer moeilijk lopen.

'We hebben een leuke camping met gras. Plek nummer twee is voor jullie. Er komt straks nog wel een kleine truck met overlanders,' zegt de man.

Achter de receptie hangt een schoolbord waar het menu voor vanavond op staat. In accommodaties zoals hier wordt vaak een menu gekookt voor een vaste prijs. Het ziet er lekker uit en we besluiten om onszelf eens op een diner te trakteren. Ik kan hier met de creditcard betalen en ook Wi-Fi knalt weer door de lucht.

Het is nog lekker vroeg en we besluiten om toch nog een rondje te rijden en bij Camp Kwando wat te gaan drinken. Het is weer genieten om over de dirtroads te rijden en Camp Kwando laat zich al snel zien. Het ziet er wat verwaarloosd uit, het uitzicht is uiteraard geweldig en het personeel vriendelijk. We hebben een goede keuze gemaakt door naar de N'Kwazi Lodge te gaan.

Het zwembad is heerlijk en sinds lange tijd heb ik weer eens kippenvel op mijn armen en benen als ik het frisse water in stap. Het wordt zelfs nog frisser wanneer het begint te regenen. In de half in de grond gebouwde eetzaal is het prima zitten en smullen we van het lekkere eten. Voorgerecht, vlees, groentes en een lekker dessert.

De kokkin komt even kijken of alle gasten haar kookkunst wel kunnen waarderen.

Bij de uitgang liggen paraplu's klaar, zodat we toch redelijk droog bij de auto kunnen komen. Wat een attente service!

Het personeel heeft zich omgekleed en zorgt voor een dansvoorstelling. Niet echt goed, niet echt slecht, we hebben wel eens wat beters gezien. Ook hier is het enthousiasme weer oprecht en aanstekelijk.

De overlanders zijn gearriveerd, een klein wat ouder gezelschap die allemaal, en dan bedoel ik dus echt allemaal, in kakibruin of legergroen gekleed zijn. Een man is ondeugend en draagt felrode sokken. Wat een boef! Ook deze groep is weer erg naar binnen gericht. Onze groet wordt amper beantwoord. Het valt ons altijd weer op dat mensen die in een groep reizen zich zelden met andere gasten bemoeien. Nou hoeft dat natuurlijk ook helemaal niet, maar een groet beantwoorden, dat moet toch kunnen? Heel vreemd.

*L*and van grote luchten

Vandaag hebben we een rijdag van ongeveer vierhonderd kilometer voor de boeg om naar het grote Etosha-park te rijden. Vandaag dus afscheid nemen van de Caprivistrip, van een geweldig mooi stuk Namibië. Een beetje een eigenzinnig stukje, vind ik. Voor de laatste keer genieten we van al die piepkleine dorpjes die komen en gaan. Blikken huisjes worden afgewisseld met lemen hutjes. Sommige hutjes hebben last van lekkage gehad, grote stukken plastic liggen op de daken. Shebeens hebben onuitsprekelijke namen in de lokale taal, een restaurant met een mooie afbeelding van een man en een vrouw aan een tafel heet 'Trust Me Restaurant'. Bij een ander blikken winkeltje kun je vis kopen, een kop koffie is er ook te verkrijgen en zelfs je kleren laten maken behoort hier tot de mogelijkheden.

Het vee dat gehoed wordt door de jongens, het spaarzame verkeer, de picknickplekken die zich soms links en soms rechts aan de kant van de weg bevinden. Souvenirs, veel souvenirs die aan de kant van de weg worden aangeboden. Grote houten vijzels met stampers staan te wachten op klanten. Houten olifanten staan in grote kuddes geduldig klaar om de weg over te lopen. Ik heb de indruk dat alles gewoon dag en nacht buiten blijft staan. De huisjes zijn klein en de voorraden erg groot. Nooit zie ik iemand iets kopen, maar goed dat kan ik mezelf ook verwijten. Wij kopen ook niets, hoe leuk ik de meeste dingen ook vind. Ik zou trouwens niet weten waar ik het thuis neer moest zetten.

'Wat is dat? Is dat een begrafenisstoet?' wijs ik naar de auto's die voor ons rijden.

De auto's rijden erg rustig. Ik kijk nog eens wat beter en zie vooraan een auto met een open bak waar allemaal mensen in nette kleding in staan. Achter hen rijdt een wagen waarin ik de lijkkist met de overledene vermoed. Er hangen gordijntjes voor het achterraam. Niemand haalt de kleine stoet in. Ook wij blijven erachter rijden. Totdat er ineens een B-weg aan de rechterkant verschijnt. Wanneer anderen daar de rouwstoet in gaan halen, sluiten wij ons erbij aan. We worden vriendelijk toegeknikt.

De luchten zijn weergaloos mooi, grote wolken drijven voorbij langs de smurfenblauwe hemel. De wereld is rond en plat en het uitzicht adembenemend. Hier hoort een kop koffie bij en we draaien een picknickplek op.

Drie meisjes, allemaal in het roze gekleed, trekken een grote plastic bak aan een touw als een kar vooruit. De plastic bak is ooit een witte jerrycan geweest, waar de ene helft is afgehaald. In de trekbak staat een tiental plastic flessen gevuld met water. De dametjes hebben water gehaald bij de dorpspomp en trekken alles glijdend naar huis. Knap! Het touw breekt, kleine vingertjes friemelen net zolang totdat alles weer vastzit. De meisje hebben al hun kracht nodig om de klus te klaren. Ze lachen en giechelen zoals alle meisje ter wereld en hebben lol in onze interesse. We zijn duidelijk een hele prettige onderbreking bij dit huishoudelijke karweitje. Er komt een kudde koeien aanlopen, begeleid door vijf jongens. Een van de jongens heeft een krakende transistorradio op zijn schouder staan waar rammelende muziek uitkomt. Ik kan me niet herinneren wanneer ik voor het laatst een dergelijke radio heb gezien. Voor deze knapen ongetwijfeld een heel bezit.

Ik heb nog een hele rol koekjes en we trakteren de kinderen allemaal op een koekje. Kinderen leren hier al op jonge leeftijd om mee te draaien in het huishouden en om voor het vee te zorgen. Ik hoop oprecht dat ze ook allemaal naar school gaan.

De jongens en de koeien verdwijnen het dorpje in, de meisjes trekken de bak met water naar hun dorp en wij gaan verder naar Etosha. Etosha wacht op ons, het grote park waar altijd zo veel te zien en te genieten valt. Etosha waar we hopelijk nog heel vaak zullen komen.

Etosha is met zijn bijna 23.000 vierkante kilometer een van de grootste nationale parken van Afrika, waarvan de zoutvlakte, de Etosha Pan, maar liefst 21 procent van het park beslaat. Ook al zijn we hier nu al zo vaak geweest, toch zijn er nog delen die we nog nooit hebben bezocht.

*E*tosha

Etosha is thuiskomen. We rijden deze keer via de Von Lindquist Gate het park binnen, waar de auto wordt geregistreerd. Zo gauw we bij Namutoni zijn, waar we ons kunnen melden voor een camping, zien we wel waar nog plek is voor ons. De prijzen zijn westerse prijzen. Maar goed, dan heb je ook wat. Bij het ene loket betalen we de parkentree voor ons en voor de auto, bij het andere loket kunnen we de campings boeken. Het is niet druk, we kunnen overal nog kamperen. Er is genoeg reuring om het gezellig te maken. Ook op Namutoni, waar we graag vannacht willen blijven is nog volop plek. We staan op een leuke plaats met een braai en een stenen tafel met stenen krukjes. Alles is schoon en zoals zo vaak is het jaren geleden gerenoveerd. Onderhoud is echter een heel ander ding. Wat kapot is blijft kapot. Een gebroken raam wordt niet vervangen, loszittende tegels blijven los liggen. Maar, als je op een van de mooiste plekken van Afrika bent is dit allemaal bijzaak.

Wij gaan volop genieten van alles dat bekend is, waar elke dag anders eindigt dan jij het 's morgens hebt bedacht en waar we ook altijd weer iets nieuws ontdekken. We installeren ons en rijden toch nog graag een rondje voordat de poort tegen zeven uur definitief dicht gaat.

'We kunnen de dik-dikdrive wel rijden,' stelt Jan voor. 'Die is dichtbij en niet zo lang.'

'Als jullie nog even doorrijden dan zien jullie olifanten,' stopt er een wagen en tipt een jonge vrouw ons.

Dat is niet tegen dovemansoren gezegd, we hebben al een paar dagen geen olifanten gezien en ik draai de auto.

'Kijk, daar staat er eentje,' zeggen we bijna tegelijk.

Vaak, wanneer het een groep betreft, komt er eentje als het ware even de boel verkennen voordat de hele familie tevoorschijn komt. Even kijken of het bezoek wel goed uitkomt. Veiligheid voor alles.Vooral als er kleine olifantjes bij zijn, zijn de oudere dieren erg bezorgd. Hoeveel mazzel kun je hebben? Daar komt de hele familie aangekuierd. Grote olifanten, kleine olifanten, tieners en peuters. Ons geluk is nog niet op, de olifanten lopen het water van Klein Namutoni in en hun logge lijven verdwijnen bijna helemaal onder het water. Watervrees is hun duidelijk vreemd. Die hele grote gaat zelfs bijna helemaal kopje onder. Een stuk van zijn flaporen flappert nog net boven het water uit. Een andere olifant is nog niet klaar voor het bad. Het dier gaat wijdbeens staan en met een ferme straal wordt er een indrukwekkende lading poep de wereld ingeschoten. Niks dikke drollen, maar een heuse waterval aan derrie klettert op de grond. Wat er dan gebeurt, hebben we nog nooit eerder gezien. De kleine olifanten verdringen zich om de derrie, slurfvechten met elkaar en lebberen het warme goedje smakelijk op. Zien is geloven. Na een paar seconden ligt er alleen nog een grote, natte vlek op de grond. Met de slurven groenig van de poep lopen de olifanten tevreden het water in en poedelen zich even weer schoon. Natuurlijk, na elke maaltijd dient men de mond of de slurf goed schoon te vegen. Nadat iedereen weer fris en fruitig is, stiefelen de dieren het water uit en verdwijnen in de bosjes. Wat een feest, zowel voor de dieren als voor ons. Soms is het heel fijn om geen klein olifantje te zijn, denk ik bij mezelf.

Op de camping kook ik pasta met vis op de brander. Ongetwijfeld smullen wij net zo lekker van ons eten als de olifanten van hun maaltijd hebben gedaan. Zoals altijd geldt, verschil moet er zijn.

De sterren staan gunstig voor ons. Zebra's, giraffes en wat steekt daar toch boven het groen uit?
'Zou dat een luipaard kunnen zijn?' droomt Jan hardop.
Tijdens al onze reizen door verschillende landen in Afrika, landen waar het wemelt van het wild, is het ons maar één keer gelukt om een luipaard te zien.
'Nee, het zijn cheeta's. Ik tel er drie,' roept Jan blij.
Door de verrekijker halen we ze snel dichterbij en drie gevlekte cheeta's, ook wel jachtluipaard genoemd, zijn duidelijk zichtbaar in het hoge gras. Het hoge gras is fijn voor de dieren, het geeft hun de nodige privacy en bescherming, maar het maakt het dieren spotten lastiger. De cheeta's zien er rond en gezond uit. Aan al het wild is trouwens goed te zien dat er nu eten en drinken in overvloed is. De leeuwen die we even later zien, laten zich heel wat makkelijker spotten. Er staan al een paar auto's geparkeerd aan de kant van de weg. Een geparkeerde auto aan de kant van de weg in Etosha betekent negen van de tien keer dat er iets te zien is.
'Ja, leeuwen en daar is ook nog een mannetje,' roep ik enthousiast, ook eens blij om als eerste wat te zien.
De koning van de jungle doet zijn naam eer aan en zit majestueus, zoals het een heuse koning betaamt, op zijn kont in het gras en laat zijn dames met rust. De dames komen langzaam in de poten, kuieren op hun gemakje naar de weg en weten de drie auto's die er staan volkomen te negeren. Ze lebberen het groezelige water, als was het een frisse frisdrank, uit de plassen aan de kant van de weg, smakelijk op. Hun stevige konten naar ons toege-

keerd. Drinken is blijkbaar een vermoeiende bezigheid en het allergrootste vrouwtje gaat midden op de weg liggen. Wie maakt me wat, straalt ze uit. Niemand.

De luchten zijn dreigend en somber van de donkere wolken. Grote luchten betekenen ook grote dreigingen. Soms lukt het de zon om er een paar stralen doorheen te persen. Allerlei bokkies zoals springbokken, hartenbeesten, gemsbokken en spiesbokken laten zich royaal zien. Het blijft een genoegen om naar te kijken. Dan de zebra's, allemaal met hun eigen streepjescode, lopen in groten getale in de verte en giraffes steken hun koppen nieuwsgierig boven het groen uit. Etosha toont ons zijn allermooiste gezicht.

Op de Okaukuejo-camping, een van de vier andere overnachtingsmogelijkheden, vinden we snel de ons toegewezen plek, klappen de tent en de stoelen uit en zitten binnen een mum van tijd achter een grote beker rooibosthee. De thee die zo bij Afrika hoort: de zon in mijn glas.

*O*lifantsrus

Sinds een paar jaar is de Galton Gate in het westelijke deel van het park ook open voor de gewone reiziger. Eerst was deze in- en uitgang alleen bestemd voor de touroperators. Het is nog een hele rit vanuit Okaukuejo naar deze gate. Het is bijna tweehonderd kilometer, dat geeft wel aan hoe groot dit park is. Er mag hooguit zestig kilometer per uur gereden worden. Aangezien je natuurlijk nooit weet wat voor dieren er op je pad komen, nemen alle afstanden veel tijd in beslag. Maar goed, daarvoor zijn we toch hier?

Zebra's, zebra's en nog eens zebra's. Nooit eerder zagen we zoveel strepen bij elkaar. Jan schat dat het er wel meer dan duizend zijn. Grote dieren, kleine dieren, schone dieren, smoezelige dieren, vrolijke dieren en ruziemakende dieren. Twee zebra's zijn het duidelijk niet met elkaar eens en gaan hun meningsverschil hier nu aan de kant van de weg even uitvechten. De bovenlippen worden opgetrokken en grote, gele tanden moeten de tegenstander angst aanjagen. Veilig in de auto zittend vind ik ze zelfs griezelig groot. Het ziet er bijzonder agressief uit. Zo, de heren hebben het even uitgepraat en draven de wijde ruimte weer in. Klaar is Kees.

Kleine zebra's blijven lekker dicht bij mama. Zoveel zebra's die allemaal op elkaar lijken en toch allemaal weer anders zijn. Wanneer een zebra hard rent vervagen de strepen tot een kleur. Vooral wanneer de dieren in een groep zijn, deinen de kleuren op en neer en dat maakt het bijvoorbeeld voor een leeuw erg lastig om te zien waar het ene dier begint en waar het andere dier eindigt. De strepen zijn, behalve dat ik het gewoon een mooi gezicht vind, bijzonder nuttig en beschermen zo de dieren voor een aanval van leeuwen, luipaarden en andere dieren die wel graag een hapje zebra eten. Zoals altijd heeft alles in de natuur een functie. Een paar zebra's blijven even stokstijf midden op de weg staan, alsof het afgesproken is, zodat wij schitterende foto's kunnen maken. De zebra's van Etosha zwaaien ons massaal uit.

Er is hier ook weer veel regen gevallen, regen die voor hele plassen op de weg hebben gezorgd. Omdat de ondergrond keihard is, rijden we toch ontspannen; de Hilux neemt zonder een greintje inspanning de ene waterplas na de andere. Het water klettert als regen tegen de ramen van de auto.

We rijden richting Olifantsrus. De route vanaf het Sprookjesbos naar Grünwald is weer een nieuwe route voor mij. Jan was hier weken geleden al met zijn familie. Olifantsrus is nieuw en er kan alleen gekampeerd worden. Een mooie camping met tien kampeerplekken. Geen restaurant, geen zwembad, maar wel een supermooie uitkijktoren met grote ramen waardoor je de dieren tot in hun neusgaten kunt kijken. Alles is weer geweldig aangelegd, in harmonie met de omgeving. Er is een kleine kiosk met, zoals eigenlijk overal, vriendelijk personeel. Alle plekken hebben schaduw en volop ruimte. Een mooie plek met een afschuwelijk verhaal lees ik op een bord.

Vanuit de verte was ons het grote roestige, metalen gevaarte al opgevallen. Is ook niet te missen. Het lijkt net een enorme galg, was het eerste dat me te binnen schoot. Geen idee hebbende dat ik er zo dichtbij zat. Een monsterlijke grote, in een ver verleden wit geschilderde, metalen constructie. Nieuwsgierig loop ik naar het bord.

Misschien staat hier wel vermeld waarom deze plek Olifantsrus heet.

In de jaren tachtig van de vorige eeuw, is deze constructie gebouwd om dienst te doen als een openluchtslachterij. In die tijd waren er zo veel olifanten in Etosha, dat deze dieren als een bedreiging voor de biodiversiteit werden gezien. Hier werden ruim vijfhonderd olifanten afgeslacht om de populatie te minderen. Wat een naargeestige constructie. Ik loop dus op grond die doordrenkt is geweest met het bloed van honderden olifanten. Wat een beklemmende gedachte. Onbewust gaan mijn ogen alle kanten uit, net alsof ik nog ergens dikke bloedspatten zal zien. Een vijftal witgebleekte olifantenschedels liggen ter decoratie uitgestald. De naam Olifantsrus is duidelijk.

Nu lopen er toeristen te genieten van deze heerlijke omgeving en wij lopen naar een van de picknicktafels, waar ik een lunch klaarmaak van brood met tomaat, grote beker thee erbij en we kunnen er weer tegen.

Bij de Galton Gate worden onze papieren in orde bevonden, wordt er nog even in de koelkast gekeken. Met name eieren worden als gevaarlijk beschouwd en worden dan ook onmiddellijk geconfisqueerd. De eieren worden aan een Himba-vrouw gegeven die met haar kinderen bij de ingang zit. We komen er niet goed achter waarom.

Het is een mooie poort in de vorm van een toren die gemaakt is van stenen die hier in de omgeving gevonden zijn. Zo gauw we de poort uitrijden maakt de dirtroad plaats voor prima asfalt, waar we zomaar weer honderdtwintig kilometer per uur mogen rijden. Wat een snelheid. Een giraffe scharrelt nog wat rond, maar vanaf nu moeten we het doen met de koeien, de geiten en de ezels die de weg gebruiken alsof ze hem zelf hebben aangelegd en wij, bij gratie, gedoogd worden.

Donkere wolken klonteren samen in de weidse luchten, bijna zwarte wolken waar af en toe een scheutje blauw doorheen piept. De zon weet er met veel moeite nog een zonnestraaltje doorheen te persen. Wat een machtig gezicht. Ik maak weer de ene na de andere foto totdat de wolken hun dreigende belofte inlossen en het water met bakken uit de lucht komt. Het blijft bij buien maar voor ons toch een reden om straks in Opuwo op zoek te gaan naar het Abba Guesthouse in plaats van de camping bij de Country Lodge. Het is een rit van bijna tweehonderd kilometer naar Opuwo, de Himba-hoofdstad in Kaokoland. Een stadje van niks, waar wij geen genoeg van kunnen krijgen. Al die verschillende bevolkingsgroepen die allemaal gezellig door elkaar lopen. Wij vinden het helemaal geweldig daar en verheugen ons erop.

De regen heeft hier goed huisgehouden. De bermen lijken wel grote vijvers en hele stukken van de weg zijn weggeslagen. Stop! Politiecontrole. De mannen zijn niet geïnteresseerd in onze rijbewijzen maar waarschuwen ons voor de slechte weg.
'Rijd voorzichtig. Kijk uit,' is het oprechte advies.
Er wordt nog meer regen verwacht. De kleine hutjes en blikken huisjes staan nu al met hun voeten in het drabbige water. Wat een bron voor muggen en ander ongedierte. Wat zal er weer een schade zijn als al het water weggevloeid, opgedroogd of de grond ingetrokken is. De vele regens hebben overigens wel voor een prachtig groen landschap gezorgd. De rotsige heuvels hebben nu allemaal een zachtgroene glans gekregen. Weer een stop, weer een waarschuwing om toch vooral goed uit te kijken.
'Hoe is de weg naar Epupa?' vraagt Jan nieuwsgierig.

'Ook slecht. Informeer je goed voordat je vertrekt,' zegt de man.

Van dit soort antwoorden krijg ik spontaan kriebels in mijn buik. Het bord, dat verwijst naar het 250 kilometer verder gelegen Kamanjab, ligt weggespoeld in de half weggeslagen berm.

Halverwege de middag rijden we voor de zevende keer Opuwo binnen, waar zo te zien de laatste jaren veel is bijgebouwd. De grote OK-supermarkt is nog steeds het hart van de stad, de plek om te zien en gezien te worden, de plek waar de Himba-, de Zemba- en de Herero-vrouwen staan met hun zelfgemaakte sieraden en waar de leuke coffeeshop Kaokoland een paar meter is opgeschoven. Er staat nu een mooie open ruimte met rieten kap waar de tafels en de stoelen uitnodigend buiten staan. De Italiaanse eigenaresse herken ik onmiddellijk. We gaan zitten en bestellen een cappuccino voordat we naar het Abba Guesthouse gaan.

*T*ussen Himba, Zemba en Herero

Het Abba Guesthouse is een degelijk christelijk guest-house met een vriendelijke, magere, en volgens mij dodelijk vermoeide, eigenaresse. Gelukkig heeft ze een kamer voor ons.

'We hebben budgetkamers, standaardkamers en de luxere kamers,' zegt ze.

De standaardkamer is een grote kamer met twee prima, zeer verleidelijk uitziende bedden, eigen sanitair, een koelkast en magnetron, bestek, borden, waterkoker en koffie en thee. Helemaal geschikt voor ons. Er wordt nog meer regen verwacht en hoewel de meeste regen in de nacht valt, is het na weken van slapen in de daktent ook wel eens fijn om een beetje luxe en ruimte te hebben.

De vrouw komt van oorsprong uit Zuid-Afrika, maar woont en werkt hier samen met haar man al heel wat jaren.

'Wij zijn begonnen met de bouw van de kerk; die stond hier het eerst. Toen de school en sinds een twintigtal jaren hebben we ook een guesthouse. Er zijn hier de laatste jaren nogal wat guesthouses bijgekomen en ja, dat merken we natuurlijk,' vertelt ze.

'Is dit uw eigendom?' vraag ik.

'Ach, wat is van ons?' zucht ze en kijkt naar boven.

Ze moet een rotsvast geloof hebben om hier al zo lang te wonen en te werken. Ze ziet er zo moe uit.

Op het terrein zien we de school staan, waar op de muren een vrolijk dierenalfabet is geschilderd. Het is vakantie, de school is gesloten. Er lopen en spelen een paar kinderen op het terrein.

'De deur klemt vreselijk. Mocht je de deur niet open kunnen krijgen als je weer naar buiten wilt, schreeuw maar. Er is altijd wel iemand die je hoort,' zegt ze tot onze verbazing.

Natuurlijk, knik ik en zie ons al gillend tegen de deur aanduwen. Ook hier zoemt de Wi-Fi weer door de lucht en staan er een paar houten stoelen bij onze deur. Tegenover onze kamer vermoed ik de privévertrekken.

Ze heeft niet overdreven. Na een paar keer oefenen lukt het ons om de deur met gepast geweld open te krijgen. Ik duw zo hard dat ik bijna met deur en al naar binnen donder. In de badkamer staan de huisregels vermeld. Bezoek op de kamer is niet toegestaan, want seks hoort alleen binnen het huwelijk thuis. Waarvan akte! En zo valt er soms op de meest vreemde plekken weer van alles te leren. Net alsof iedere gast die je zou ontvangen voor seks komt...

Het hele complex is goed afgesloten en een beveiliger met gummiknuppel zal op ons passen. Het is weer brand-schoon; ik zet de deur wagenwijd open. Heerlijk, om zo-veel ruimte tot onze beschikking te hebben, om alles te kunnen laten liggen waar we willen; er zijn hier geen razendsnelle, grijpgrage apen.

We lopen het terrein van ons guesthouse af en begeven ons direct in de gezellige drukte van Opuwo, waar men-sen hun spullen die ze graag willen verkopen uitgestald hebben. Kookpotten staan netjes op een rij te wachten op een koper. Een Herero-vrouw zit op de stoep, haar vele rokken liggen als een grote zwemband om haar heen. Twee ezels staan in de open bak van een kleine vracht-wagen geduldig te wachten op de dingen die komen gaan. Een man in een keurige oranje overall zet een geit, naast een leeg krat bier, in de bak van zijn vrachtwagentje.

Op een stuk plastic heeft iemand kleine stapeltjes gemaakt van balletjes oker, waar de Himba-vrouwen zich mee insmeren. Dit goedje, *otjize*, is een mengsel van geitenvet, kruiden en oker en geeft de vrouwen allemaal dezelfde okerbruine kleur. Himba-vrouwen bekijken de balletjes secuur, die er volgens mij allemaal hetzelfde uitzien, voordat er tot een koop wordt overgegaan. Het beschermt de vrouwen tegen de zon en zorgt voor een gladde, egale huid. Het zijn alleen de vrouwen en de kinderen die dit doen. Het staat erg mooi, moet ik zeggen. De geur die dit teweeg brengt hangt als een zware parfum in het hele dorpje en went snel.

Ik zie een radiostation; dat is nieuw en ik loop ernaartoe. Kunene Radio verzorgt programma's voor deze regio vertelt een modern geklede vrouw mij. Het voetbalveld ligt er kaal en verlaten bij. Even verder zie ik de Opuwo Bakery, de bakker waar ik elke keer zulk lekker brood heb gekocht.

'Nee, we hebben nog geen brood, ' zegt de vrouw.

Op de stenen vloer voor de toonbank zit een Herero-vrouw met haar kinderen wat te eten.

Het Kaokoland-restaurant is de plek om uren te zitten, om te kijken naar alles wat voorbij loopt. En, er loopt hier wat voorbij. De Himba-vrouwen van top tot teen ingesmeerd met otjize. De haren in lange vlechten van kunsthaar en klei, die eindigen in dikke, zwarte, pluizige bollen. De rokjes van geitenleer, de enkels zwaar behangen met kettingen, sieraden die op de blote borsten hangen, vaak een baby op de rug. Enkele Himba-vrouwen hebben strikken van plastic in hun haar gemaakt. Elke keer als we hier zijn, zie ik weer andere en nieuwe versieringen. Sommige vrouwen vinden het wat fris en hebben een grote katoenen lap als een cape om zich heen geslagen.

Veel vrouwen lopen op blote voeten of in sandalen die van oude autobanden zijn gemaakt.

De Zemba-vrouwen met hun kleurige, katoenen hoofddoekjes, plastic sieraden en rokjes van katoen. Bij de Zemba-vrouwen zie ik felgekleurde kraaltjes in de haren die onder de hoofddoekjes uitkomen. Zemba-vrouwen houden van kleuren en kralen. Dikke strengen kralen hangen als een sjerp om de heupen. Kleine kinderen hebben ook al kettingen om en kraaltjes in het haar. Het is een bonte en vrolijke bedoening en staat erg mooi bij de donkere huidskleur. Sommige Zemba-vrouwen hebben een lange, strakke, glimmende pony van zwart kunsthaar. De Zemba-mannen dragen ook een soort van rok. Aan de voorkant een rok die in plooien tot op de knieën valt, aan de achterkant een lange rechte lap. Allemaal verschillende stoffen en kleuren die wonderwel bij elkaar passen.

De Zemba-mensen zijn aan het eind van de negentiende eeuw vanuit Angola naar Namibië getrokken. Door de kolonisatie van Angola door de Portugezen voelden zij zich in Angola niet meer thuis. Ze zijn zeer verwant aan de Himba-mensen. Zo kennen zij ook een nomadische levensstijl en leven zij van hun vee. De meeste Zemba-mensen wonen in dit deel van Namibië.

Sommige mannen hebben een speer of een machete in de hand; voorwerpen die wel bijdragen aan hun stoere uiterlijk. En dan de Herero-vrouwen in hun vele jurken met een strak bovenlijfje, waar vaak een grote, zilveren gesp op bevestigd is. De Herero-vrouwen dragen bijna allemaal hun haar op schouderlengte; haren die stijfjes onder de hoeden vandaan komen. De hoeden die de Herero-vrouwen dragen symboliseren de hoorns van de koe. Een opgevouwen krant zorgt voor stevigheid in de stoffen hoeden en staan als de hoorns van de koe aan beide zijden van het hoofd. Koeien zijn erg belangrijk voor deze mensen en een heel bezit. Herero-mannen gaan vaak gekleed in een oud, wat versleten colbert, een lange broek en een hoed. Door de forse vormen van hun vrouwen, sommige dragen wel zeven jurken over elkaar, lijken de Herero-mannen vaak erg klein en mager. De Herero-mensen zijn verwant aan de Himba-mensen. Beide bevolkingsgroepen kleedden zich vroeger op dezelfde manier. De dames liepen zo goed als naakt, de weinige kleding die ze droegen bestond uit dierenhuiden, met name om het onderlijf. De Duitse missionarissen, die het christelijke geloof kwamen 'brengen' vonden die blote dames helemaal niets. Kleren aan, was de opdracht van de Duitsers, kleding die in die tijd bestond uit Victoriaanse jurken. De Herero-mensen luisterden naar de missionarissen en veranderden hun kleding. De Himba zagen daar het nut niet van in en bleven zich kleden zoals ze dat al zo lang waren gewend. De Herero-vrouwen dragen sinds de eerste helft van de twintigste eeuw nog steeds die Victoriaanse jurken. Terwijl in Europa niemand meer zo gekleed gaat, zijn de Herero-vrouwen trots op hun mooie kleding met bijpassende hoed. Het moet in een Afrikaans land als Namibië soms wel afzien zijn om zoveel jurken te dragen; het kan hier erg heet worden. Bij veel vrouwen zie ik vaak kleine zweetdruppeltjes op het voorhoofd glinsteren. Wanneer er een Herero-echtpaar aan komt lopen, komt er echt iets aanlopen. Statige mensen die kaarsrecht lopen.

Er wordt wel onderling getrouwd. Toch geven de meeste mensen er de voorkeur aan om binnen hun eigen gemeenschap te trouwen. Wanneer een Himba-meisje trouwt zal ze naar de woongemeenschap of het dorpje van haar man gaan. Himba-, Zemba- en de Herero-mensen zijn allemaal aan elkaar verwant. Ook lijkt hun taal erg op elkaar.

De meeste mensen leven nog traditioneel en leven van datgene wat het land opbrengt. De verkoop van zelf-gemaakte sieraden aan de toerist is een welkome aan-vulling op het gezinsinkomen.

Het uiterlijk van de Himba-mensen is erg belangrijk en daar wordt ook bijzonder veel aandacht aan besteed. Het uiterlijk vertelt veel over je plaats in de gemeenschap en in welke fase van je leven je bent. Ook verraadt de haardracht of de kapsels van de vrouwen en de kinderen veel. Is het een jongetje of een toch een klein meisje, het kapsel zal het je zeggen. Meisjes hebben twee stevige vlechten, die keihard aanvoelen op hun hoofd. Zo gauw de meisjes in de pubertijd komen, wordt het kapsel veranderd in de zo herkenbare lange vlechten. Jongens moeten het met één vlecht doen. Wanneer de tijd rijp is voor een Himba-man om te trouwen wordt het haar in een eigenwijs opstaand staartje gedragen. Zo is een ge-trouwde Himba-vrouw weer te herkennen aan een soort kroontje van geitenleer op haar hoofd. De sieraden wor-den vaak gemaakt van schelpen, leer, koper en plastic buizen. Het allerbelangrijkste sieraad van een vrouw is haar *ohumba*; een grote conisch gevormde schelp die om haar nek hangt. Het is een teken van vruchtbaarheid. De Himba-vrouwen wassen zich nooit maar smeren zich iedere keer weer in met een nieuw laagje okercrème.

Opuwo is een rare plaats met zijn grote winkels, waar mensen met bomvolle karren de winkels uitlopen, waar de mannen hun speer of machete bij de ingang in moeten leveren. Waar een blote Himba-vrouw samen met haar man met zorg een deken koopt, waar in nette uniformen veel bewaking rondloopt en werkelijk alles, maar dan ook alles te koop is. In de grote muur van de supermarkt zitten kleine winkeltjes. Een jonge moeder zit met haar peutertje bij haar winkel. Wanneer er een klant komt of ze even wat moet doen, dan wordt haar kindje in een grote kartonnen doos gezet.

Vanaf ons terras komen we ogen tekort om alles te zien en blijven we uren zitten. Er wordt overal gebouwd, er staat ook veel leeg en veel gebouwen hebben last van achterstallig onderhoud. Alle auto's die we zien zijn goede auto's. De laadbakken van de kleine vrachtwagens zitten propvol met mensen die graag een lift willen naar hun dorpjes. Dorpjes die ergens verscholen in het hoge gras liggen aan de randen van de wegen.

Vandaag is het voedseluitdeeldag. Oudere mensen zijn vanmorgen uit hun dorpjes gekomen en staan netjes in de rij. Sommigen hebben een plastic stoel meegenomen om het wachten wat makkelijker te maken. Mensen krijgen een zak met voedsel waar onder andere meel, olie en suiker in zitten. De grote suikerfabrikant Marathon Man sponsort de suiker hoor ik van de man die hier duidelijk iets te vertellen heeft. Suiker wordt hier erg veel gegeten, het is goedkoop en geeft energie. Ik heb de indruk dat hij de bedrijfsleider van deze OK-supermarkt is.

Het is ook duidelijk een sociaal gebeuren waarbij mensen elkaar ontmoeten en de laatste nieuwtjes worden uitgewisseld. Er is muziek en een man die constant, onverstaanbaar voor ons, door een ernstig krakende microfoon praat. Op grote barbecues liggen grote stukken vlees die voor enorme blauwe walmende wolken zorgen. Er wordt hier heel wat weggegeven. Ik kom er niet goed achter of dit iets eenmaligs is of iets dat regelmatig voor de ouderen in de samenleving wordt gehouden.

Wanneer de microfoonman even pauzeert, knettert de muziek weer uit de luidsprekers. Veel ouderen hebben jonge mensen bij zich die de spullen naar huis dragen.

Vrouwen dragen zonder zichtbare inspanning zakken van tien kilo op hun hoofd. Een man duwt een kruiwagen met vlees voor zich uit. Op de bodem van de kruiwagen ligt een dik stuk bebloed karton, zoals ik even later kan zien wanneer de man het vlees heeft afgeleverd.

Een zwangere vrouw draagt een wijde, katoenen jurk, op haar hoofd een wollen ijsmuts, haar in sokken gestoken voeten steken in teenslippers. Iedereen kan hier dragen wat hij of zij wil. Alles past wonderwel bij elkaar en het staat iedereen ook nog. Niemand vindt iets vreemd, hooguit dat de bezoekers die hier komen het allemaal zo opvallend en bijzonder vinden. Moderne meiden lopen in moderne, strakke spijkerbroeken voorbij. Een stevige Himba-vrouw zondert zich wat af, ze is aan het bellen en wil duidelijk niet gestoord worden. Ook als Himba-vrouw ga je met je tijd mee. De moderne tijd weet zelfs de mensen in de hutjes te bereiken. Ook al leven deze mensen half-nomadisch, ze weten echt wel wat er te koop is in de wereld en een mobieltje is iets dat zij ook wel graag willen hebben. En waarom ook niet?
Op het terras zittend van het Kaokoland-restaurant is het alsof we naar een aflevering van *Discovery Channel* kijken. Wat een wereld!

*O*p weg naar de Epupa Falls...

De regen klettert op de golfplaten daken van het guest-house. Zo lekker in mijn bed liggend is het lastig in te schatten hoe hard het regent. Door de golfplaten daken komt alles extra luid en duidelijk binnen. We ruimen de boel op, pakken de auto in en nemen afscheid van de vriendelijke mensen. We hebben hier een paar leuke dagen gehad. Inmiddels is het droog en we hebben er vertrouwen in dat we verder kunnen.
'Als we niet verder kunnen door het water dan komen we hier graag terug,' lach ik naar de vrouw bij de receptie.

Geen notie hebbende van mijn vooruitziende blik en met een lichte kriebel in mijn buik stap ik in de auto en rijdt Jan Opuwo uit. Het is rustig in de stad. Het is vandaag 21 maart, Onafhankelijkheidsdag. Namibië staat sinds 28 jaar op eigen benen. Vandaag wordt dit gevierd en herdacht. Misschien is het daarom wel zo rustig. Zelfs de PEP-winkel, die alles verkoopt, is gesloten. Zo niet de OK-supermarkt. Op het bord staat dat ze altijd geopend zijn, ook op feestdagen. Het is daar alweer gezellig druk. Dikke, donkere, grijze wolken hangen zwaar over en tussen de bergen, het opspattende water ratelt tegen de auto en met medelijden kijk ik naar al die lopende mensen langs de kant van de weg. Sommige op blote voeten, een dunne katoenen lap om de schouders. Ik voel me bijna schuldig in onze droge en warme auto. Hoe zou het de Himba-vrouwen in de regen gaan? Hoe waterbestendig is de okercrème? Ik zie een Himba-vrouw lopen die haar dikke vlechten in een plastic zak heeft gedaan. Een koddig gezicht, zo'n plastic tas vol met haar op de rug. Als je haar maar goed zit…

'En hier houdt het op,' zeggen we tegen elkaar als we een heuvel op- en weer afrijden.

Het water kolkt over de weg. We zijn net zes kilometer de stad uit. Een rivier, bijna dertig meter breed, stroomt over de weg. Hier is geen doorkomen aan. Er staat een auto met drie mannen en een vrouw aan de kant. Aan de overkant van het kolkende water staat een man moederziel alleen in een blauwe regenjas.

'Dit kan wel twee tot drie uur duren voordat het water zover is gezakt dat we er veilig door kunnen,' zegt de ene man tegen ons. 'Als het tenminste niet weer gaat regenen,' komt er achteraan.

Ja, maar dan? Dan ben je er door, maar wat kom je dan weer tegen? Stel dat je overal doorheen kunt rijden en je komt veilig bij de watervallen. Op een gegeven moment willen we ook weer weg. Nee, hier houdt het voor ons echt op. We maken een paar foto's en met mijn telefoon maak ik een klein filmpje van het bruisende water, draaien de auto en rijden terug naar het Abba Guesthouse waar we hartelijk worden ontvangen. Natuurlijk kunnen we kamer G weer krijgen. Zoals zo vaak, wij maken de plannen, Afrika beslist of ze door kunnen gaan.

Na zo'n enerverend begin van de dag kunnen we nog wel een ontbijtje gebruiken en gaan naar ons favoriete restaurant, Kaokoland, waar Annet, de eigenaresse samen met haar personeel bezig is om een hoek van de zaak heel mooi in te richten.

'Dit is voor een jarig meisje. Ze viert hier haar negende verjaardag met een high tea bij ons.'

Het ziet er allemaal heerlijk roze en oh zo leuk uit. Dat is een universeel gegeven: meisjes houden van roze. Twee, ongetwijfeld mierzoete, taarten versierd met marshmallows worden neergezet. Hartige taartjes, worstjes en cake. Het is wel erg veel voor een ochtendfeestje. De jarige komt er aan gehuppeld met haar moeder en haar vriendinnen, is helemaal opgewonden en kijkt met grote ogen naar alles.

'Ik vind dat jullie ook wel wat verdiend hebben,' zegt Annet en zet twee stukken chocoladetaart voor ons neer.

Wat superlief. Dat kan er ook nog wel bij. Ik kijk op de klok, het is nog geen tien uur.

Wanneer we een paar uur later terugrijden, is de voorspelling van de man uitgekomen. Het water is gezakt, de kolkende massa is nu een heel rustig stromend watertje geworden waar Jan zonder problemen de auto doorheen rijdt. De wachtende mensen zijn allemaal vertrokken. Toch gaan we niet verder. Het weer is onbetrouwbaar en zwarte wolken klonteren alweer samen en beloven nog meer regen. Jan draait de auto en we gaan een eind richting Etonga, waar we heel wat jaren geleden een Zembadorpje hebben bezocht.

De route is schitterend, dwars door de leefomgeving van de Himba- en de Zemba-mensen. Het weer is helemaal opgeknapt. Vee wordt gehoed en kleine dorpjes poppen op tussen het groen. Hutjes van klei, soms vierkant, soms in de vorm van een iglo, soms een blikken huisje. Wanneer ik ervan overtuigd ben dat alles verlaten is, scharrelt er toch altijd nog iemand rond. De weg is weer een uitstekende hotsen- en botsenweg. De schade door de vele regen is immens. Soms zijn hele stukken van de weg weggeslagen en verdwenen.

Jan parkeert aan de kant van de weg, ik haal de koffie-spullen tevoorschijn en maak een lekkere koffie. Er komt een magere Himba-man aanlopen; hij gaat zwijgend bij ons zitten. Jan geeft de man een flesje water en wat koekjes. Alles wordt in dank aanvaard, de man is er zichtbaar blij mee. Een gesprek voeren met elkaar is er niet bij, maar vriendelijk knikken en lachen kan altijd. Wanneer we alles opruimen om verder te gaan, besluit de man ook om te vertrekken. Zijn onverstaanbare groet klinkt vriendelijk.

Er komt ons een auto tegemoet die stopt en een man draait het raampje open.
'Mochten jullie van plan zijn om verder te gaan, na onge-veer vijf kilometer houdt het echt op. Geen doorkomen aan,' vertelt de man.
'Dank! We willen even kijken en gaan dan weer terug,' reageren wij.
De omgeving blijft onverminderd mooi. In de verte stapelen de wolken zich weer op en duiden grote, grijze strepen in de lucht dat ergens in de verte de regen weer is begonnen. Het levert spectaculaire gezichten op.
Ondanks dat we soms onze plannen aan moeten passen, zijn we erg blij om eens in deze tijd van het jaar hier rond te reizen. De natuur is zo schitterend groen, de luchten geweldig en de meeste regen valt toch in de nacht. Een rood verkeersbord ligt aangespoeld op de weg en niet veel later wijst een geel bord ons erop dat de weg gesloten is. Je hoeft geen enkele kennis van wegenbouw te hebben om in een oogopslag te zien dat hier geen doorkomen meer aan is. Aan de overkant staat een wagen geparkeerd. De mannen zijn uitgestapt om te zien of er toch nog ergens een mogelijkheid is om er door te komen. De mannen staan tot aan hun knieën in het water.

Dat gaat 'm echt niet worden. Het hele landschap heeft een beste opdonder gehad van het water. Namibië snakt naar regen, maar het gaat nu wel met donder en geweld. Het bijzondere van een leeg land als Namibië -hier wonen amper tweeëneenhalf miljoen mensen- is dat we altijd wel iemand zien. Er loopt altijd wel iemand. Nieuwsgierig als ik ben wil ik van iedereen wel weten: waar ga je heen? Wie ben je? Woon je hier graag? Ben je gelukkig? Gaan je kinderen naar school? Wat verwacht je van de toekomst? Zij zouden mijn vragen niet begrijpen, ik zou hun antwoorden niet begrijpen.

Nog een keer naar het terras, nog een keer kijken naar de wereld om ons heen. Annet is een sympathieke vrouw en komt direct een praatje maken. Volgens mij is zij, samen met de mensen van ons guesthouse, een van de weinige blanke mensen die al heel wat jaren in deze stad wonen.
'Mochten jullie nog boodschappen moeten doen, ga eens naar de Spar-winkel, hier tegenover. Er werken daar Himba- en Herero-vrouwen, allemaal in hun traditionele kleding,' geeft ze ons nog als tip mee.

In de Spar is het gezellig druk en kijken we onze ogen weer eens uit. Hier komt alles wat voor ons Opuwo zo bijzonder maakt bij elkaar. Drie meiden bij de slagerij hebben even niets te doen en maken een dansje achter de toonbank. Een knap, jong Himba-meisje bedient de kassa, terwijl een Herero-vrouw alle boodschappen voor de klant inpakt. Wat geweldig dat dit allemaal kan, dat niemand dit vreemd vindt. Overdag werken in een supermarkt achter een moderne kassa, allerlei westerse producten gaan door je handen en 's avonds loop je naar je hutje waar helemaal niks is. Zij moeten lachen om onze verbazing en jazeker mogen we een foto maken.

Met een tas vol boodschappen en een hoofd vol indrukken lopen we de winkel weer uit. Opuwo is en blijft voor ons de meest fascinerende stad van Namibië.

*V*ia Sesfontein naar Palmwag

Weer heeft het flink geregend. Nu gaan we toch echt definitief weg uit Opuwo, we ruimen alles op, pakken de auto in, nemen nog een keer afscheid van de aardige mensen in dit guesthouse en Jan rijdt de auto Opuwo uit, richting Sesfontein.
'Als jullie toch die kant uit gaan, maak eens een stop bij Scents of Namibia. Is echt de moeite waard,' was een andere tip van Annet van Kaokoland.'Dat is echt een heel mooi project in samenwerking met de Himba-gemeenschap. Er worden daar allerlei producten gemaakt van inheemse planten en bomen. Parfums, crèmes en antimuggenmiddelen,' vertelde ze ons en gaf me een foldertje van dit bedrijf.
Het is leuk om te merken dat Annet onderdeel van deze gemeenschap is en niet aan de zijlijn staat.

We hebben het bruine bord waar in duidelijke letters 'Scents of Namibia' op staat al een paar keer zien staan, geen idee hebbende wat het betekende. Omdat toeval niet bestaat, staat dit bedrijf op de oude camping net buiten de stad; de camping waar we tijdens onze eerste twee reizen hebben gestaan. De camping was vanaf het begin al tot mislukken gedoemd. Te ver van de stad verwijderd en een superslechte weg die je er bracht. De weg is niet veel verbeterd en leidt langs de buitenwijk van Opuwo, waar zoetgekleurde, eenvoudige cementen huisjes staan.
We worden vriendelijk ontvangen. Er werken hier maar drie mensen, een vrouw en twee mannen. Het ziet er

allemaal keurig uit. Er ligt een bak met kleine blaadjes, het lijken net chips, van de *mopaneboom*. De boom die alleen in zuidelijk Afrika voorkomt.

Net voordat de regens beginnen verzamelen de Himba-vrouwen deze blaadjes, *commiphora wildii*, die de basis vormen voor deze producten. Alles wordt vervolgens door de vrouwen naar een verzamelpunt gebracht. Daar wordt alles gewogen en krijgen de vrouwen direct in klinkende munt uitbetaald. De vrouwen verdienen geld, dat vervolgens weer wordt besteed aan medische zorg, voedsel, vervoer naar het ziekenhuis, voor school en huishoudelijke spullen. Zo profiteert iedereen ervan, de gemeenschap en de toerist. De overheid geeft op deze manier de mensen die hier wonen de kans om iets te verdienen aan de toeristen die hier komen.

'We hebben een winkel in Windhoek en vandaaruit worden onze producten ook verstuurd,' legt de vrouw op een enthousiaste toon uit.

Heel bijzonder dat alles door deze drie mensen wordt gedaan. Ik heb de indruk dat hier alles wordt voorbereid en dat het elders wordt verwerkt tot crèmes, parfums en andere producten.

'Van het afval maken we aanmaakblokjes waarmee je heel makkelijk een vuurtje kunt maken,' gaat ze verder.

Ik koop een lekkere crème en Jan kiest een doosje met aanmaakblokjes uit. Alles staat netjes uitgestald. Prima initiatief, maar ik vraag me oprecht af of de toerist deze plek weet te vinden. Het bruine bord verraadt niets van wat hier allemaal gebeurt.

De weg van Opuwo via Sesfontein naar Palmwag is een van de allermooiste routes in dit land, ik durf zelfs te zeggen van de wereld. Wij hebben deze weg nu diverse keren gereden en kunnen er geen genoeg van krijgen.

De glooiende heuvels hebben nu allemaal door de regen een liefelijke groene uitstraling gekregen. Het vele water heeft voor een uitbundige begroeiing gezorgd. De weg is een brede dirtroad waar de sporen van de vorige weggebruikers ons duidelijk maken wat het beste deel van de weg is om te rijden. Koeien, geiten en ezels scharrelen hun kostje bij elkaar. De dieren herkennen de verkeersgeluiden en lopen, wel in hun eigen tempo, naar de berm. Mensen die weer van huis naar de stad lopen. Kinderen zwaaien zo gauw ze onze witte gezichten zien. Ook hier is de schade door het vele water weer goed te zien. Veel is ook alweer opgedroogd en tot nu toe valt de weg ons erg mee. Onze Hilux neemt elke hobbel, bobbel, ribbel of rare geul waar soms nog water inzit, met gemak. Mocht er echter toch een stevige stroom water over de weg kolken dan gaan we weer terug en zullen dan via Kamanjab, over het asfalt naar Windhoek gaan. Het gaat goed, af en toe komt ons zelf een gewone auto tegemoet; altijd een goed teken.

Vrouwen en mannen lopen met houten gereedschap naar hun land. Het land dat vol ligt met stenen, waar heel hard gewerkt moet worden om nog iets te kunnen verbouwen. Na een kleine honderd kilometer rijden komen we in het dorpje Sesfontein aan. Sesfontein dankt zijn bestaan aan het oude Duitse fort, een van de overblijfselen van de Duitse overheersing. Vanaf de weg is het niet te zien, maar wij weten precies waar het staat. Vroeger kon er ook gekampeerd worden, maar dat kan niet meer. Sinds een paar jaar heeft het dorp, midden in het centrum, een eigen campingsite. Het is voor ons een feestje van herkenning. Vlak voor de ingang een paar benzinepompen waar we langs moeten rijden om het terrein op te kunnen. De mooie tuin waar een tiental zitjes staan, het zwembad met het heldere water en de met stenen ingeleg-de muur achter het zwembad, met afbeeldingen van onder andere olifanten en giraffes. We zoeken een mooi plekje op, bestellen koffie en krijgen de Wi-Fi code.

Waar vroeger de soldaten sliepen, daar slapen nu de toeristen. Een deur staat open en nieuwsgierig loop ik naar binnen. Een groot hemelbed, een zeer ruime badkamer met twee wastafels en volop ruimte. Wel wat donker, maar in een warm land als Namibië hebben de gebouwen vaak kleine ramen. Zo te zien een prima plek om te overnachten. Er is hier eigenlijk niks veranderd en dat maakt dit reisje door mijn geheugen extra leuk.

Ik loop naar het kleine Duitse kerkhof dat dicht bij de parkeerplaats ligt. Het onderhoud valt onder de Namibi-sche Oorlogsgraven Stichting. Een paar Duitse graven liggen hier onder de hete Afrikaanse zon. Jonge jongens uit Duitsland, die in de negentiende eeuw naar dit verre land in Afrika werden gestuurd. Een land dat ze waarschijnlijk op de kaart niet konden aanwijzen. Nooit zagen ze de *Heimat* terug. Het ziet er allemaal keurig verzorgd en zelfs wat aandoenlijk uit. Op de grafstenen wordt Zessfontein nog zo geschreven. K. Giefeke gebo-ren in 1880 in Duitsland en hier in 1908 overleden lees ik op een van de grafstenen. Het kleine kerkhofje is omringd met een muur van grote stenen, zodat het ook beschermd wordt voor het grote wild dat ook hier rondloopt.

'Zou de bakker er nog zijn?' vragen we ons af.
Zo gauw je Sesfontein uitrijdt, na ongeveer twaalf kilo-meter, kom je bij een T-splitsing waar we deze keer rechtdoor rijden en dan moet er ergens aan de linkerkant van de weg een klein bakkerijtje staan, waar een vrouw dag in, dag uit heerlijk vers brood bakt.

'Ja! Ze is er nog,' roepen we enthousiast en ik draai direct de weg af om te stoppen bij Warm Quelle Bakery Fresh Bread.

Dan woon je in het gehucht Warm Quelle en bak je brood. De werkelijkheid laat zich, zoals zo vaak, niet verzinnen. Er zitten een paar mannen buiten, de bakster is binnen druk aan het werk en we kopen een heerlijk ruikend warm brood.

De weg blijft weergaloos mooi, we spotten wat struisvogels, giraffes en bokkies. De wereld bestaat uit vijf kleuren: blauwe luchten, witte wolken, groene struiken, rode aarde en zandbakkenzand gekleurde wegen. Alles royaal overgoten met de Afrikaanse zon.

Na ruim honderd kilometer sla ik de afslag in naar Palmwag. De oase in de woestijn waar de palmbomen de wacht houden, waar alle comfort en luxe is die wij ook erg kunnen waarderen, waar een restaurant en een zwembad is, waar luxe huisjes staan, en waar we plek acht op de schitterende camping toegewezen krijgen. Een afdakje, een aanrecht, een barbecue en een magnifiek uitzicht op de roestige bergen en de groene struiken.

Twee, door de zon wat gebleekte, koedoes lummelen aan de overkant wat rond in de struiken. Zij kijken naar ons, wij kijken naar hen.

Zon, zee, zand en zout

Onze reisplannen kunnen soms binnen een uur drie keer van richting veranderen. Hét grote voordeel van op eigen houtje en in je eigen tempo reizen. Zullen we naar Hoada -what's in a name- gaan? Volgens een vriendin een schitterende camping op het Grootberg Plateau op amper vijftig kilometer hier vandaan. Twijfelfontein is weer een andere optie. Ongeveer honderd kilometer rijden. Twijfelfontein waar San-rotstekeningen zijn en waar een van de mooiste lodges van dit land staat.

'We kunnen ook via Henties Bay, langs de Skeleton Coast, vandaag naar Swakopmund rijden. Dan blijven we daar een paar dagen voordat we via Solitaire naar Windhoek rijden,' stelt Jan voor.

Helemaal goed. Vandaag een wat langere rijdag maar daar staan dan weer een paar we-zien-wel-wat-we-doen-dagen in Swakopmund tegenover.

Wat is Namibië toch een weergaloos mooi land. Het landschap is groter dan de wereld. De verroeste bergen waar kleine, stoffige, groene bosjes hun best doen om tussen de stenen wat aarde te vinden, waar hun wortels houvast kunnen vinden. En dan opeens, terwijl we niets anders te doen hebben dan eindeloos om ons heen te kijken, is de omgeving veranderd. De rotsen hebben plaats gemaakt voor steen. De platte tafelbergen die het landschap als het ware omarmen zijn zomaar ineens verdwenen. We slaan de afslag naar Torra Bay in, waar op het kruispunt een bijna in elkaar gestort houten keetje staat.

'Weet je nog dat we daar in 1999 een drankje hebben gekocht,' wijst Jan naar rechts.
Of ik dat nog weet, het regende iets en we hebben hier
toen even een stop gemaakt. Een oude autoband, in een
ver verleden wit geschilderd, ligt vergeten op de grond.
De naam op de band, Tire Repair Shop, is nog goed te
lezen. De laatste band is hier al heel lang geleden geplakt;
zoveel is wel duidelijk. Een scheve tafel van steen doet
nu nog prima dienst en ik stal onze koffiespullen uit.
Waar is iedereen gebleven? Was het toch te moeilijk om
hier een bestaan op te bouwen? Te weinig lekke banden?

Stoppen! Ambtenaren lopen rond. We moeten in het
kantoor een vergunning -kost niets maar een fooi wordt
zeer op prijs gesteld- halen die ons toestemming geeft om
door het Skeleton Park te rijden. We zijn gelukkig ruim
op tijd. Kom je later dan drie uur in de middag dan krijg
je geen vergunning meer om verder te rijden. De tijd is
dan te kort om voor het donker aan de kust te komen en
in de eerstvolgende plaats, Henties Bay, te komen. Aan
de linkerkant van de weg is een prima camping, waar genoeg ruimte is om dan te overnachten. Het ziet er allemaal weer keurig uit. Lijkt me wel bijzonder om hier
eens in dit toch vrij verlaten en eenzame gebied te overnachten. Misschien iets voor een volgende reis?
'Je mag de weg niet verlaten. Kijk goed uit. Sommige
stukken zijn erg slecht, maar met jullie auto wel te doen,'
krijgen we als waarschuwing mee.
Een jonge vrouw en een klein meisje verkopen wat souvenirs in hun Craft Shops. Er komen hier niet veel mensen. Ik koop van het meisje twee plastic etuis die van lege
chipsverpakkingen zijn gemaakt. Haar lieve lach is al een
cadeautje op zich.

Jan rijdt richting de zee, het blauw maakt plaats voor grijs. De omgeving verandert in een kale bende, waar aan de rechterkant ineens een jakhals loopt. Hoe eenzaam kun je als dier zijn? In de verste verte is er helemaal niets. Hoewel, daar zien we opeens de welwitschia. De groene slingerplant die honderden jaren oud kan worden en als een achteloos weggegooide klont op de rotsen ligt. De welwitschia komt alleen in Namibië en Angola voor. De plant kan in deze droge gebieden, waar het bijna nooit regent, prima overleven. Ik vind het net een berg oude fietsbinnenbanden. Het zijn maar twee lange smalle bladeren die door en over elkaar heen krullen. Eigenlijk is het een saaie plant. De Zuid-Afrikaanse naam voor deze plant is trouwens wel een hele leuke en een hele toepasselijke naam: Tweeblaarkanniedoodplant. En zo is het maar net.

Het hek met de grote doodskoppen is half dicht. Stoppen. *Meld aan by kantoor* staat te lezen op een grote steen. De Afrikaanse taal komen we overal nog tegen en is voor ons Nederlanders makkelijk en vaak ook grappig om te lezen. We melden ons bij de vrouw in het kantoor. Haar lach laat een beugel zien. Dat heb ik hier nog niet eerder gezien. Onze papieren worden in orde bevonden en we rijden door de poort. Groene palmbomen zorgen voor wat schaduw en een grote door de zon gebleekte rugwervel van een walvis ligt als versiering tegen de muur aan. Het is eigenlijk een rare wat bizarre plek met een eenzame uitstraling. Je zult hier maar werken en niet met je collega's overweg kunnen.
Het is nog 126 kilometer naar Henties Bay. De weg verandert in een zoutweg. Het lijkt zo op het eerste gezicht op asfalt maar het is gewoon keihard zout.

'Ik kan me heel goed voorstellen dat veel mensen deze omgeving helemaal niets vinden,' zeg ik.

Wij vinden deze eenzame, kale vlakte geweldig. Verder kijken dan mogelijk is, de rauwe eenzaamheid van dit gebied weet door de auto heen te dringen. Het is rijden op een maanlandschap, de rotsige kaalheid, de zee die buldert in de verte, het gele zandstrand en Jan en ik alleen op de wereld. Het is duidelijk een plek waar mensen niet willen wonen. Grote auto's komen ons, wanneer we dicht in de buurt van Henties Bay zijn, tegemoet. Grote bakken waar enorme vishengels, als mannelijke symbolen, voor- of achter op de auto's staan. Bij sommige auto's liggen de hengels als dikke linten over de auto's heen. Bordjes verwijzen naar plaatsen waar blijkbaar goed te vissen is. Plaatsen met bijzondere namen zoals: Adri se Gat, Baklei Gat, Predikants Gat, Sarah se Gat, Trappies of Ronde Kliff. In de auto's zitten alleen maar mannen die duidelijk op weg zijn naar een weekeindje vol visplezier.

In Henties Bay trakteren we ons op een cappuccino in een wegrestaurant. Op het parkeerterrein staan grote aanrechten waar de gevangen vis wordt schoongemaakt. Alles staat hier in het teken van de vis.

Nog een kleine tachtig kilometer en dan rijden we Swakopmund binnen, waar palmbomen stijfjes aan de kant van de weg staan. Aan de randen van de stad zijn de sloppenwijken waar de zwarte mensen wonen. Grote ommuurde woongemeenschappen verraden grote huizen en mensen met meer geld. Jan rijdt zonder te vragen of te zoeken naar Desert Sky waar we al zo vaak hebben gekampeerd. Op het terrein is nog voldoende ruimte voor onze auto. In de tuin kan gekampeerd worden, er staan overal picknicktafels, het is er schoon en het is er veilig. De parkeerplaatsen zijn voor auto's zoals de onze. Er zijn een paar kamers waar een bed gehuurd kan worden. Een ruime zitkamer met een televisie en banken en een grote keuken waar alles staat om zelf te koken. Gasstellen, potten en pannen, bestek, een grote koelkast, tafels en stoelen. Koffie en thee voor de liefhebber. Een heerlijke plek voor de reiziger. Naast ons staan de camper van een vitale, wat oudere reiziger uit Oostenrijk.

'Na zes jaar door Afrika gereisd te hebben, hij noemt geroutineerd alle landen op waar hij met zijn auto is geweest, wordt deze wagen binnenkort vanuit Walvisbaai naar Zuid-Amerika verscheept,' legt de man ongevraagd uit.

Het is me de vorige keer ook al opgevallen dat hier zo veel alleenreizende mannen of twee mannen die samen aan het rondreizen zijn. Op dit moment ben ik zelfs de enige vrouw in Desert Sky. Ik heb de hele damesafdeling voor mezelf. Desert Sky is een leuke plek, eigenlijk is het een groot huis in een woonwijk met een hele grote tuin. Dat je hier gewoon de stad in kunt lopen, dat je de auto eens kunt laten staan, dat vinden wij het allerfijnste aan deze stek.

Swakopmund

Swakopmund is Duits, ademt Duits en spreekt Duits. De vakwerkhuizen zijn geschilderd in zachte pastelkleuren en zien er prima onderhouden uit. Ze vormen een luchtige combinatie met de grote palmbomen. Doordat Namibië ooit een Duitse kolonie was, heeft deze stad nog een zeer uitgesproken Duits karakter. Niet te geloven dat Opuwo en deze stad in hetzelfde land liggen. De verschillen konden niet groter zijn.

Het is heerlijk om de auto eens te kunnen laten staan en ontspannen lopen we de stad in, waar op een vroege zaterdagmorgen nog niet veel te doen is. De straten zijn breed en de weg lijkt asfalt maar is hier ook weer gewoon keihard zout. De vuurtoren staat prominent aan de rand van de stad en zal waarschijnlijk de zeeman de weg wijzen. De stad wordt langzaamaan wakker, de winkels gaan open, terrassen worden ingericht en auto's rijden met een stevige snelheid door de straten.

De goedgevulde boekhandel De Muschel, die ook mijn boek *In Namibia* verkoopt, is een bezoek meer dan waard. Voor elk wat wils, voor jong en oud, voor mooie souvenirs en een lekkere cappuccino. Het aanbod is van goede kwaliteit en erg groot. Ik koop een kinderboekje in de Afrikaanse taal. *100 woorde voor diere*, van een *kameelperd* tot een *seeperdjie*, van een *sebra* tot een *leeu*, van een *seekoei* tot een *waterskilpad*, alle *diere* staan duidelijk afgebeeld in mijn nieuwe boek.

In een Duitse stad als deze dient een bezoeker *Torte* te eten. Eén stuk chocoladetaart is zelfs voor ons beiden bijna teveel. Het is heerlijk zitten op het terras en het leven trekt op een aangename manier aan ons voorbij. Swakopmund leeft volgens mij van het toerisme; het is een kuststad aan de monding van de rivier de Swakop. Omdat het in de zomer in Windhoek en in Zuid-Afrika wel meer dan veertig graden warm kan worden, weten veel mensen deze stad, waar het nooit knetterheet wordt en het in de avond vaak erg afkoelt, in de hete zomermaanden te vinden. Voor hengelaars, zeevissers en gepensioneerden een perfecte stad. Wij genieten van het rondlopen, dwalen over de pier en kijken vanaf het water weer heel anders tegen de stad aan. Soms is het heerlijk om niets te moeten. We vergeten wel eens dat reizen ook betekent, niets moet, veel mag en veel kan.

Swakopmund heeft een heel aardig museum, het Swakopmund Museum, dicht bij de Craftmarket. Een privémuseum, het grootste privémuseum in dit land, in de jaren tachtig gebouwd door een tandarts. Een oudere heer bedient de kassa en we lopen naar binnen. Opgezette dieren die hier voorkomen, worden tentoongesteld zodat we alles zonder enig gevaar goed kunnen bekijken. Het is leuk om zo, met name de dieren die we anders nooit zouden zien, eens van dichtbij te zien. Het stof van jaren is verzameld en ligt als een beschermende deken over de beesten; het geeft de dieren een oude uitstraling.
Een *erdvark* is geen beest die een mens bijvoorbeeld zo maar te zien krijgt. Wat een raar beest met zijn lange spitse snuit en oren als een kangoeroe. Er is een ruimte ingericht als een voormalige tandartspraktijk, waar ik niet te lang naar moet kijken. Rillingen. Een oude apotheek, een woonkamer uit de jaren vijftig die verdacht veel lijkt

op een vroegere Hollandse woonkamer en een schitterende oude ossenkar waarmee de voortrekkers naar Zuid-Afrika trokken. De houten kar, de grote houten wielen, alles volgeladen met vrouwen, kinderen, de complete huisraad en alles wat de mensen graag mee wilden nemen, op weg naar een betere toekomst. De wagen ziet eruit alsof ie elk moment kan vertrekken. *

Er is een afdeling waar veel verteld wordt over alle verschillende bevolkingsgroepen. Het museum weet ons aangenaam te verrassen. Heel gek, de meeste indruk maken toch de foto's van de Postrunners. Voordat de treinen er waren moest de post ook vervoerd worden. Daarvoor gebruikte men de zogenaamde lichtvoetige wandelaars. Deze snelwandelaars brachten in twaalf dagen de post van Walvisbaai naar Windhoek. Later wisselde men de renners in Otjimbingwe, dat bracht de tijd terug van twaalf naar acht dagen. Aan het eind van 1897 waren de spoorwegen klaar en werd deze taak door de treinen overgenomen. Oude zwartwit foto's onderschrijven dit verhaal. Het zijn toch altijd dit soort 'kleine' menselijke verhalen die zich in mijn geheugen nestelen. Zij geven een gezicht aan dit land en aan de geschiedenis.

*In Zuid-Afrika vond tussen 1835 en 1845 de Grote Trek plaats: duizenden Nederlandse kolonisten verlieten de Britse Kaapkolonie en stichtten nieuwe republieken in de binnenlanden. De 'Voortrekkers' zijn door latere generaties bejubeld als nationalisten en beschimpt als achterlijke slavenhouders. Maar boven alles waren zij pioniers, die probeerden op de Afrikaanse savanne een bestaan op te bouwen.

Bron: Historisch Nieuwsblad

*O*ver de Kuiseb Pas naar Solitaire

Het asfalt gaat naadloos over in de inmiddels zeer vertrouwde zandwegen. De weg naar Walvisbaai is prima. Het is en blijft een wat bizar gezicht. De zee aan de rechterkant, de stad op zand, waar zo op het eerste gezicht niemand een tuin heeft, aan de andere kant. De huizen staan als het ware in een grote zandbak, hek eromheen, klaar is je huis met tuin. De wegen zijn afgebiesd met palmbomen die voor wat kleur en vastigheid zorgen en dan komen direct de duinen. Het is duidelijk dat hier elke dag de strijd met het zand wordt aangegaan. Wij hebben een rit van ruim tweehonderdvijftig kilometer voor de boeg, een weergaloze mooie rit weet ik nog van andere keren, over de Kuiseb Pas, door een hard landschap waar zo op het oog weinig groeit. De dirtroad knort, ratelt en schuurt als vanouds onder de wielen van onze Hilux-auto. De omgeving is majestueus en ongenaakbaar. De luchten weer groter dan groots, stofwolken verraden de komst van een tegenligger. Het wild laat het afweten; waar niet veel groeit en bloeit leven ook niet veel dieren. Tenminste niet die dieren die ik het liefst zien. Er zal ongetwijfeld van alles ritselen, kruipen, wroeten en griezelen in de grond, maar dat zijn dan net die dieren die ik helemaal niet hoef te zien.

De Kuiseb Pas is en blijft een uitdaging. Ruim twintig kilometer kronkelen we over de wegen, er blindelings op vertrouwend dat er een weg is. Soms zien we namelijk alleen maar blauwe luchten als we omhoog gaan en is er geen steentje van een weg te zien. De auto rijdt met twee vingers in de neus naar boven en naar beneden. Ik vind het wel kicken dat ik deze belachelijk grote auto zelf over alle bochten, hoogtes en dalen weet te rijden. Ook al mis ik dan misschien een spectaculair uitzicht, passen rijden en volop om me heen kijken is niet 's werelds allerbeste combinatie.

Het is vrij druk en grote stof- en zandwolken blazen ons tegemoet. Het kost uren, maar zoals altijd verveelt het nooit. De zon zorgt voor een zachte glans en weerspiegelt op de wegen en de gouden rotsen. Wat een betoverende wereld.

In een bocht staat weer een stenen picknicktafel, waar we stoppen en ik alles klaarmaak voor een lunch van crakkers, een banaan en een kop koffie. Er stopt nog een auto en niet veel later maken we kennis met de Nederlandse Hylke en Linda, die al bijna een jaar aan het reizen zijn. Alles verkocht in Nederland, de banen opgezegd en de wereld ingetrokken. Na enkele landen in Azië en Zuid-Amerika, Rusland en Mongolië zijn ze nu in zuidelijk Afrika aanbeland. Onze geplande korte lunch wordt een lange en gezellige lunch door deze twee leuke reizigers.

'Nijverdal. Ja, dat ken ik wel,' zegt Hylke. 'Ik heb nog geprobeerd om projectmanager te worden van het nieuwe zwembad dat daar een paar jaar geleden is gebouwd,' gaat Hylke verder.

'Oh, je bedoelt 'mijn' zwembad. Daar ben ik bijna twintig jaar manager van geweest,' lacht Jan.

De verbazing aan beide kanten is groot en dan kan het dus zo maar dat je op een picknickplaats aan de Kuiseb Pas in Namibië met twee andere Nederlanders over het zwembad in Nijverdal zit te praten. Zoals zo vaak laat de werkelijkheid zich niet verzinnen.

'Wij zijn op weg naar Solitaire en willen daar ook overnachten. Kennen jullie dat?' vraag ik.

Nee, ze hebben geen idee. Wij vertellen graag iets over deze, voor ons zo bijzondere plek.

'Alleen al voor het allerlekkerste appelgebak van de wereld is het de moeite waard om er even te stoppen,' ga ik verder.

We hebben ze overtuigd, zij gaan ook richting Solitaire.

Zebra's, wat een zebra's zien we weer. Ik kan er uren naar kijken. Eentje is een beetje de weg kwijt en staat ineens stokstijf stil op zijn vier poten midden op de weg. Zijn kop schiet van links naar rechts. Wanneer Jan voorzichtig dichterbij komt, schrikt het dier en met elegante sprongen, het lijken wel danspassen, is hij snel aan de overkant waar zijn familie is. Hop, hop, snel weg van de gevaarlijke weg. Een gemsbok staat als gebeeldhouwd aan de weg. Wie maakt we wat, straalt het dier zelfverzekerd uit. Euh, niemand dus.

Ja, daar is de afslag naar Solitaire. Solitaire dat in 1999 nog een klein onbeduidend vlekje op de kaart van Namibië was, is nu een niet meer te missen plek voor de reiziger. Bij Nederlanders bijzonder geliefd door het boek *Solitaire* van Ton van der Lee. De auteur heeft hier een aantal jaren gewoond en mede door hem staat er nu wat er staat. Toen alleen een benzinepomp -met een beetje geluk was er daadwerkelijk benzine te koop- en een klein winkeltje. Nu is het een complex met een lodge, een camping, een zwembad, een restaurant, een bakkerij met terras en volop komende en gaande mensen. De sfeer is er geweldig, we herkennen alles en mijn gedachten gaan als vanzelf terug naar eind 2013 toen we hier, ons van geen kwaad bewust, druipend van de olie aan kwamen rijden.

Vlak voor Solitaire hadden we over een dikke steen gereden, terwijl we opgelucht dachten dat het goed was afgelopen, bleek de dikke steen een fors gat in het carter van de wagen geslagen te hebben waardoor de olie vrijuit naar buiten kon stromen. Totaal relaxed reden we door naar Solitaire, waar we een stop wilden maken voordat we verder gingen naar de rode duinen van de Sossusvlei. De pompmannen zagen het direct en dirigeerden ons onmiddellijk naar een plek onder een boom. De auto stond stil, sloeg af en reed geen meter meer. Wat een pech, maar wat een mazzel om pech te krijgen op zo'n prachtige plek. Er werd een andere wagen geregeld, die helemaal uit Windhoek moest komen, wij boekten een kamer voor twee nachten en hebben er een heerlijke tijd gehad. De rode duinen van de Sossusvlei hebben we die reis niet meer gezien.

Moose, de hoofdpersoon uit het boek Solitaire, beheerde de bakkerij; uren hebben we met elkaar in het restaurant gezeten en met elkaar gepraat. Genoten van alle komende en gaande reizigers. Een paar weken na onze thuiskomst kreeg ik een mail van de toenmalige manager Warren, dat Moose aan een hartaanval was overleden. Na heel veel gedoe is het de mensen van Solitaire gelukt om Moose hier op Solitaire te mogen begraven. Hij heeft een mooie laatste rustplaats gekregen op de plek waar hij zo met hart en ziel mee verbonden was. Een cirkel van lichtgrijze stenen markeert zijn graf.

Op zijn graf zal nooit enig schaduw vallen staat er vermeld. Ik kijk om me heen. Klopt. De bomen die voor schaduw kunnen zorgen, staan net ver genoeg verwijderd. Het is heel bijzonder om ruim vier jaar later bij zijn graf te staan.

'Hoef ik niets in te vullen? Geen paspoortnummer? Geen autokenteken? Hoeven jullie niet te weten waar we vandaan komen? Waar we heen gaan? Hoe laat we hier aangekomen zijn?' vraag ik aan het meisje in de winkel waar we ons willen registreren.

'Nee hoor. Bewaar de rekening maar, dat is voldoende,' antwoordt ze. 'Zoek naar een plek uit,' gaat ze verder.

Mm, Afrika zonder bureaucratie, hoe verfrissend. Er zijn weinig kampeerders en we vinden al snel een geschikte plek.

We lopen naar de bakkerij en het terras waar Hylke en Linda ondertussen ook gearriveerd zijn.

'We hebben al een stuk opgegeten,' lacht Linda als ze ons ziet. 'We konden niet langer wachten. Jullie hebben niet overdreven. Wat lekker.'

Voor haar op tafel staat een doosje met een stuk voor onderweg. Ik bestel natuurlijk ook twee stukken gebak en een grote cappuccino en hebben een hele genoeglijke tijd met elkaar. Jammer genoeg moeten zij door naar de Sossusvlei. Heel bijzonder, in een mum van tijd een superfijn contact met twee mensen waarvan we tot een paar uur geleden het bestaan niet wisten.

'Tot ziens. Dat zeggen we tegen alle reizigers die we ontmoeten,' zegt Hylke terwijl we hartelijk afscheid nemen.

Ships that pass in the night.

We zwaaien ze uit.

*O*ver de Spreetshoogte Pas naar Windhoek

Wat is het dat Solitaire zo bijzonder maakt? Ik kan er niet goed de vinger op leggen. Eigenlijk is het niets en heeft het alles. De laatste zonnestralen van de dag spelen adembenemend mooi op de rotsen en halen kleuren tevoorschijn die overdag niet te zien zijn.

De manager loopt kordaat rond en zit boordevol plannen.

'Mensen die in onze lodge overnachten ondervinden wel eens last van de kampeerders. Mensen die in de lodge slapen realiseren zich niet altijd dat er ook een camping is, waar mensen tot laat in de avond buiten zijn. Wij zijn nu bezig om de eerste plekken, die vooraan, te verwijderen. Het hek achteraan willen we een stuk naar achteren verplaatsen en maken daar dan weer een paar nieuwe kampeerplekken,' legt de man uit.

Dit hele complex is privébezit en de lijnen zijn kort, begrijp ik van de man.

'Nee, we behoren gelukkig niet tot de NWR. Als je daarbij hoort, komt er niks tot stand,' klinkt het resoluut.

'Wordt dit kerkje nog veel gebruikt?' wijs ik naar het kleine kerkje dat hier al in de jaren vijftig is gebouwd. *Een geskenk deur Mnr. en Mev. F.E. Le Roux* lees ik op het gedenkteken in de muur.

'Jazeker, we rouleren met andere kleine kerkjes in de buurt. Om de paar weken komt er een dominee een dienst verzorgen,' antwoordt de manager.

De kerk ziet er zeer verwaarloosd uit, de muren zijn afgebladderd en ooit is het houtwerk geel geschilderd. De ovale ramen en de Zuid-Amerikaanse voorkant verraadt toch dat het een kerkgebouw is. Het heeft iets aandoenlijks, een kerk op deze plek in de woestijn aan te treffen.

Het hele terrein staat vol met oude auto's, de oude benzinepomp die nu voorgoed tussen de cactussen staat. Weer, wind en zand hebben vrij spel met alles wat hier buiten staat. De oude wrakken staan overal en benadrukken de verlaten sfeer.

We trakteren ons op een ontbijt in Mc Gregor's Bakery, vernoemd naar Moose, voordat we definitief terug reizen naar Windhoek.

'Hoeveel appeltaarten bakken jullie nu elke dag?' vraag ik nieuwsgierig aan het meisje achter de toonbank.

'Nu, in het drukke seizoen, ongeveer dertig taarten per dag. In de rustige periode tien,' zegt ze.

De stukken zijn royaal, bijna vierkant en ik gok dat er wel twaalf stukken uit een dergelijke grote bak worden gehaald. Dat geeft wel aan hoeveel mensen hier elke dag komen. De meeste stoppen hier op weg naar en van de Sossusvlei en blijven hier niet overnachten. De Sossusvlei, dat schitterende park met zijn rode zandduinen, waar we al een paar keer zijn geweest.

In de vitrine liggen koeken, gebak en brood. Ik zoek wat uit en natuurlijk gaat er nog een stuk appeltaart mee.

Het wordt weer een rit over dirtroad met adembenemende vergezichten, haarspeldbochten en dan komt de bekende Spreetshoogte Pas in beeld, die over de toppen van de bergen gaat. Gelukkig heeft men de meest pittige stukken goed beklinkerd. Het landschap is weergaloos mooi. Honderden zebra's lopen over de rotsige gronden, af en toe steekt er een spiesbok zijn grote hoorns tussenuit, spotten we een hartenbeest en koeien, erg veel koeien.

Een man gebaart ons te stoppen en loopt naar ons toe.

'Ik wil jullie even waarschuwen voor de loslopende koeien. We moeten ze verplaatsten,' legt de dikke, smoezelige man ons uit.

Zijn blauwe T-shirt en broek met gaten zitten onder de vlekken. Zijn rode hoofd en waterige ogen verraden een Bourgondische levensstijl van veel vlees en alcohol.

'Wij hebben veel te weinig regen gehad. En, excuus voor mijn taalgebruik, maar die verrekte zebra's drinken al het water op en eten het gras dat voor onze koeien is bestemd. De regering doet niet aan wildbeheer en laat alles maar leven. Onze dieren hebben daardoor veel te weinig water. Stomme zebra's,' spuugt de man de laatste woorden er bijna uit.

Het doet hem duidelijk goed om zijn hart eens te luchten.

'Rij voorzichtig,' groet de man en loopt naar zijn koeien.

Waar ik dus in elke zebra een mooi dier zie dat perfect in dit landschap past, ziet de boer een indringer die al het water opslurpt.

Het verkeer is spaarzaam en Jan rijdt de Spreetshoogte Pas verder op, waar het uitzicht verpletterend mooi is, waar na elke bocht en kronkel weer iets geweldigs te zien is in het eenzame, steenharde landschap, waar zo op het eerste gezicht niet veel kan groeien en bloeien. Zebra's en elanden weten blijkbaar toch nog wel iets van hun gading te vinden en scharrelen rustig rond.

Na deze pas volgt de Kupferberg Pas, die beslist ook de moeite waard is maar die het toch af moet leggen tegen de Spreetshoogte Pas.

'Wat is het hier groen,' zeggen we beiden tegelijk wanneer we Windhoek naderen.

De heuvels die de stad omringen, bruinig bij ons vertrek, weken geleden, zijn veranderd in groene heuvels.

Windhoek waar we over glad asfalt rijden, waar veel wegen vierbaans zijn, waar verkeerslichten het verkeer regelen en waar alle grote winkels zijn. Windhoek is een overzichtelijke stad. Jan rijdt zonder ook maar een keer met zijn ogen te knipperen naar de Arebbusch Camping waar de goedkopere plekken allemaal bezet zijn, maar er is nog een luxe kampeerplek vrij voor dik vierhonderd Namibische dollar. De camping is erg groot, erg mooi en de luxe plek is terecht een luxe plek met een eigen toiletgebouw, een terras met aanrecht en overkapping. Ook onze auto met de uitgeklapte daktent staat onder bescherming van een groen, gazen afdak. Wat een geweldige plek. Zo hebben we alle ruimte en rust om de auto helemaal leeg te halen, alles uit te zoeken en om ons best te doen om alles dat we graag weer mee naar huis willen nemen in twee tassen te stoppen. Ik maak een paar vrouwen die hier werken erg blij met onze spullen uit de koelkast en andere dingen die ik niet meer mee wil nemen.

Deze camping ligt aan de rand van de stad, dicht bij het kleine Eros-vliegveld. Af en toe horen we vliegtuigmotoren brullen, verkeer rijdt voorbij en wij zitten helemaal senang achter onze zoveelste rooibosthee. Ik laat alles wat we de afgelopen weken hebben gedaan en gezien door mijn hoofd glijden. De dagen in mijn uppie, de gezellige dag met de familie, onze superweek in Zimbabwe, de wilde honden in Botswana, de Caprivistrip met zijn schitterende campings en de rieten hutten, de dieren van Etosha en alle prachtige mensen in Opuwo. Voordat we zijn vertrokken, is de heimwee alweer begonnen en zijn er alweer plannen gemaakt voor een volgende reis.

'Kijk daar,' wijst de ASCO-chauffeur die ons naar het internationale vliegveld brengt

Aan de linkerkant van de weg loopt een eenzame zebra.

Literatuurlijst

Allison, Peter. *Voor de leeuwen*

Andreoli, Ine. *Juweel van Afrika Namibië, een belevenis*

Bakhuys Roozeboom, Willem. *You run you die :-)*

Bossenbroek, Martin. *De Boerenoorlog*

Braam, Conny. *Ik ben Hendrik Witbooi*

Claus, Sybilla. *Standplaats Harare*

Davies, Caitlin. *De zwarte moerbeiboom*

De Paepa, Herbert. *Mensenvlees*

Dow, Unity. *Voorbij de horizon*

Hancock, Peter & I. Weiersbye. *Birds of Botswana*

Head, Bessie. *Als er regen komt * Een kwestie van macht * Maru. Een leven in Botswana * De hemel is niet gesloten*

Lanting, Frans. *Okavango de laatste oase*

Losskarn, Dieter. *Namibië (Ned.talig)*

Lee, Ton van der. *De Afrikaanse weg * Solitaire * De boot naar Timboektoe*

McNeice familie. *De Leeuwenkinderen*

Penry, Huw. *Birds Atlas of Botswana*

Pickford, Peter, B. Pickford & H. Motshagen. *Het land van de Okavango en de Chobe*

Rijn, Frank van. *Drie kameleons*

Rosman-Kleinjan, Ada. *Olifanten in de nacht * In Namibië * Tussen Himba, Zemba en Herero* De olifanten van Botswana*

Rush, Norman. *Witmannen*

Scott, Robyn. *Twintig kippen voor een zadel*

Shostak, Majorie. *Het leven van een Kungvrouw * Nisa: een Koeng vrouw over haar leven*

Slaugter, Carolyn. *Versluierde tijd*

Theroux, Paul. *Laatste trein naar Zona Verde*

Te Gast in. *Te gast in Zimbabwe/Botswana * Te gast in Namibië*

Troost, Ruud. *Afrika safarigids*

Vlugt, Bas. *Namibië, Botswana en Zimbabwe*

Vries, Dolf de. *Namibië een rustig, sterk land*

Waard, Paul de. *Reishandboek Namibië & Botswana*

*E*erder verschenen van Ada:

Starende beelden op Rapa Nui
een reis van Paaseiland naar Peru

Ghana... een reis op het ritme van de drums
2e herziene druk

In Namibië
kampeerreizen door het leegste land van Afrika
In het Duits te verkrijgen via **www.bod.de** onder de titel
In Namibia

Myanmar
reizen door het Gouden Land
Eerder verschenen als *Myanmar... op blote voeten door het Gouden Land*. Is als 2e druk geheel aangepast.

De drums van TIMKAT
een reis door Ethiopië

In Boeddha's schaduw
een reis door China en Tibet

Onderstaande titels zijn verschenen in de serie:
kleintje Wombat. Verre bestemmingen dichtbij

Deze boeken zijn ook leverbaar als E-boek. E-boeken zijn te bestellen op www.bol.com en www.bod.de.

Woestijnkastelen en Stadskamelen
op reis door Jordanië **1e kleintje Wombat**
.

De olifanten van Botswana
met een 4x4 door Moremi en Chobe **2e kleintje Wombat**

De vissers van Tanji
op reis in The Gambia **3e kleintje Wombat**

De dhows van Sur
op reis door Oman **4e kleintje Wombat**

De vrouwen van Kafountine
op reis door Gambia en de Casamance in Senegal
5e kleintje Wombat

Voor meer info over een reis als deze:
www.ascocarhire.com/nl
www.explore-namibia.com

www.scentsofnamibia.com het Himba-initiatief in Opuwo

* Hoewel alles met de grootste zorgvuldigheid is geschreven en gecontroleerd, kunnen lezers op geen enkele
wijze rechten ontlenen aan de informatie zoals die is be-
schreven in dit boek.

*B*en je na het lezen van dit boek, of een van mijn andere boeken nieuwsgierig geworden naar meer verhalen?
Kijk op **www.adarosman.nl** voor lezingen (powerpoint presentaties) die door Jan worden gegeven.

Ook vind je op deze site alle informatie over mijn boeken. Wil je echter niets missen? Elke twee maanden komt er een gratis Wombat nieuwsbrief uit, met de laatste info over onze reizen, mijn boeken, Jan zijn lezingen en leuke tips voor reizigers en/of lezers. Stuur een mail en je naam wordt op de lijst gezet.

Natuurlijk ben ik te vinden op Facebook, Twitter, Linkedin en Instagram.
Misschien vind je mijn Facebookpagina '**Wombat reisboeken**' wel leuk!
Reageren? Wat vragen? Gesigneerd boek bestellen? Interesse in een boeiende lezing? Foto-expositie?

We horen graag van je.
Ada Rosman-Kleinjan
reizen en schrijven

Nieuwstraat 39
7443 XM NIJVERDAL
t 0548-610539
e info@adarosman.nl

www.adarosman.nl
KvK Enschede 0818953